Das

Preußische Kirchengesetz

betreffend

Abänderungen der kirchenpolitischen Gesetze

vom 21. Mai 1886

erläutert

von

Dr. Paul Hinschius

Geheimem Justizrath und ordentlichem Professor des Kirchenrechts
an der Universität Berlin.

Berlin und Leipzig.

Verlag von J. Guttentag

(D. Collin).

1886.

Seinem hochverehrten Collegen und Lehrer

Herrn Dr. Rudolf Gneist

zum 13. August 1886

gewidmet.

Vorwort.

Die Uebersicht über die staatskirchliche Gesetzgebung Preußens war schon durch die seit dem Jahre 1880 erlassenen drei Abänderungsnovellen erheblich erschwert worden. In noch viel umfassenderem Maße ist dies durch das neue Gesetz vom 21. Mai 1886 geschehen. Hatte schon die Regierungsvorlage zu demselben vom 14. Februar 1886 (Drucksachen des Herrenhauses v. 1886 Nr. 24) mit einzelnen wichtigen Einrichtungen des bisherigen Staatskirchenrechtes gebrochen und damit eine Reihe von Bestimmungen der Gesetze der Jahre 1873 bis 1875 beseitigt, so hat die Majorität der Herrenhaus-Kommission, welche von dem Gedanken beherrscht war, durch möglichst viele Zugeständnisse an die Anschauungen der katholischen Kirche — von den Rechten der evangelischen Kirche und denen des Staates ist in ihr kaum die Rede gewesen — ein dauerndes sog. Friedenswerk zu schaffen, „die Regierungsvorlage“ (nach der Erklärung des Grafen zur Lippe, stenogr. Ber. S. 192) „als ein corpus vile behandelt und weitere Experimente vorgenommen, um zu jenem Ziele zu gelangen“, und der Bischof von Fulda Dr. Kopp (a. a. O. S. 118) mit Rücksicht darauf, daß die früheren Gesetze „der Kirche unveräußerliche Rechte mit Unrecht genommen haben“, das Ziel der Kommissionsarbeiten nicht als „Konzessionen, sondern Restitutionen an die Kirche“ bezeichnet.

Die Regierung ist dieser Erweiterung der sog. Friedensarbeit nicht entgegengetreten, und so hat das neue Gesetz noch erheblich umfangreichere Aenderungen — verdanken doch 6 von den 15 Artikeln des Gesetzes (Art. 8, 11 bis 15) allein ihre Entstehung den Berathungen im Herrenhause — an der früheren Gesetzgebung herbeigeführt, als dies durch die Regierungsvorlage beabsichtigt war.

Unter diesen Umständen liegt unzweifelhaft das Bedürfniß vor, durch eine eingehende juristische Erörterung des neuen Gesetzes — von der Besprechung der kirchenpolitischen Bedeutung desselben sehe ich ab — den jetzt geltenden staatskirchlichen Rechtszustand in Preußen darzustellen. Das Buch von Rintelen, die kirchenpolitischen Gesetze Preußens und des Deutschen Reiches, Berlin 1886, bietet hierzu, weil es nur den Gesetzestext, wenn schon unter Bezeichnung der in Geltung gebliebenen, beseitigten und neu in Kraft getretenen Bestimmungen, mittheilt, blos Materialien, und das Werkchen von J. Günther, Beitrag zur Orientirung in der kirchenpolitischen Gesetzgebung Preußens. Berlin 1866, giebt allein eine kurze Uebersicht ohne eingehende Begründung und ohne allseitige Würdigung der Tragweite des neuen Gesetzes.

Die vorliegende Schrift macht den Versuch, diese Lücke zu ergänzen. Es mußte zu diesem Behufe namentlich die rechtliche Bedeutung der einzelnen Artikel und ihre Einwirkung auf das frühere staatskirchliche Recht, sowie ihr Verhältniß zu dem sonstigen allgemeinen Recht erörtert werden. Die Materialien (s. Drucksachen des Herrenhauses von 1886 Nr. 24. 46. 54. 58. 62. 64. 71. 73. 77, stenographische Berichte desselben über die Sitzungen vom 27. März, vom 12. April und vom 13. April 1886, S. 145. 173. 197, sowie die Drucksache des Abgeordnetenhauses Nr. 167 und die stenographischen Berichte desselben über die Sitzungen vom 4., 7. und 10. Mai 1886, S. 1886. 1957. 2000), selbst die Motive der Regierungsvorlage und der Kommissionsbericht des Herrenhauses (Nr. 46) ergeben dafür verhältnißmäßig wenig, denn überwiegend ist bei den Kommissionsarbeiten und bei den Berathungen in den Plenarsitzungen die kirchenpolitische Seite der fraglichen Bestimmungen, nicht aber die rechtliche in Betracht gezogen und behandelt worden.

Friedensartikel pflegt man sonst sehr vorsichtig und mit kühler Ueberlegung abzufassen. Bei dem vorliegenden sog. Friedenswerk haben die Vertrauensseligkeit und die Eile, dasselbe zu Stande zu bringen, dazu geführt, diesen Gesichtspunkt außer Acht zu lassen und die gesetzgeberisch-technische Seite der Arbeit mehr als billig zu vernachlässigen. Die Majorität der Herrenhaus-Kommission hat, zum Theil unter Führung des Bischofs Dr. Kopp mit Zustimmung der Majorität beider Häuser und bei der Konnivenz der Staatsregierung ein Gesetzeswerk hergestellt, welches selbst den Anforderungen, welche man an die gesetzgeberische Technik von Parlamenten zu stellen berechtigt ist, nicht entspricht. Beim Artikel 14 hat man sich offenbar den früher bestehenden Rechtszustand nicht vor Augen gehalten (S. 73), ferner sich beim Artikel 12 seine wahre Tragweite, beim Artikel 9 seine Bedeutung für das Reichsgesetz v. 4. Mai 1875 nicht vergegenwärtigt (S. 66 u. 62). Andererseits hat man nicht bedacht, daß mit dem Art. 9 und 10 nicht jeder recursus ab abusu an den Staat beseitigt worden ist (S. 56), und bei der Formulirung des Artikels 2 durch die Herrenhaus-Kommission hat — eine seltsame Ironie des Schicksals — die Eile in der Formulirung und Feststellung sogar dahin geführt, durch eine ungeschickte Fassung die staatliche Aufsicht gegenüber dem Gesetze v. 1873 in einem Punkte zu verschärfen (S. 27).

Allerdings hat der Abgeordnete Dr. Windthorst erklärt (stenographische Berichte des Abgeordnetenhauses S. 1894) „daß keiner seiner Freunde über die volle Tragweite dieser Bestimmungen unterrichtet ist", und damit den Namens der nationalliberalen Partei vom Abgeordneten Dr. Gneist auf Kommissionsberathung gestellten Antrag bekämpft, aber ich glaube, daß, mag man die Aeußerung des Dr. Windthorst als einen parlamentarischen Schachzug oder als ein rhetorisches Ornament betrachten, nichts mehr als eine juristische Analyse der einzelnen Artikel des Gesetzes den damals gestellten und verworfenen Antrag rechtfertigt.

Die Zeitungen bringen die Nachricht, daß im Herbst eine weitere kirchenpolitische Vorlage in Aussicht steht. Vielleicht findet sich die Staatsregierung nach dem vorliegenden Ergebniß mindestens veranlaßt, einer derartigen Vernachlässigung der gesetzgeberisch-technischen Seite, wie sie das jetzige Gesetz aufweist, entgegenzutreten. Jedenfalls bildet dieser Charakter des Gesetzes selbst ein nicht unwichtiges Moment für die Würdigung der kirchen-politischen Bedeutung desselben. —

Beigegeben habe ich, um die Veränderungen an den wichtigsten früheren Gesetzen zu veranschaulichen, eine Neu-Redaktion derselben, in welcher die durch die bisherigen kirchenpolitischen Novellen gemachten Aenderungen mit gesperrtem Druck, die durch das vorliegende Gesetz herbeigeführten mit lateinischen Buchstaben kenntlich gemacht sind. Die Neu-Redaktion der von dem letzteren betroffenen, beiden einzigen §§ des Gesetzes vom 20. Juni 1875 findet sich S. 60. 82.

Endlich habe ich, weil bei den Berathungen des Gesetzes so viel Gewicht auf die päpstliche Bewilligung der Anzeigepflicht gelegt worden ist, wenn schon diese als nur einer der Faktoren in dem System der Maigesetze, je mehr aus diesen herausgebrochen wird, an Bedeutung verliert, die Drucksache des Herrenhauses Nr. 71, enthaltend Note des Kardinals Jacobini v. 4. April 1886, als Anhang beigegeben.

Berlin, den 23. Juni 1886.

Der Verfasser.

Inhaltsverzeichniß.

I.

Gesetz,

betreffend

Abänderungen der kirchenpolitischen Gesetze.

Vom 21. Mai 1886.

(Gesetz-Sammlung 1886. Nr. 9130 S. 147 ff.

Wir Wilhelm, von Gottes Gnaden König von Preußen rc. verordnen, mit Zustimmung der beiden Häuser des Landtages Unserer Monarchie, was folgt:

Artikel 1.

Zur Bekleidung eines geistlichen Amtes ist die Ablegung einer wissenschaftlichen Staatsprüfung nicht erforderlich. Die entgegenstehenden Bestimmungen in den §§. 4 und 8 des Gesetzes vom 11. Mai 1873 (Gesetz-Samml. S. 191), sowie im Artikel 3 des Gesetzes vom 31. Mai 1882 (Gesetz-Samml. S. 307) werden aufgehoben.

Artikel 2.

An die Stelle des §. 6 des Gesetzes vom 11. Mai 1873 treten folgende Bestimmungen:

Das theologische Studium kann auch an den zur wissenschaftlichen Vorbildung der Geistlichen geeigneten kirchlichen Seminaren, welche bis zum Jahre 1873 bestanden haben, zurückgelegt werden.

Zur Wiedereröffnung und Fortführung dieser Anstalten sind

1) dem Minister der geistlichen Angelegenheiten die Statuten und der Lehrplan einzureichen und die Namen der Leiter und Lehrer, welche Deutsche sein müssen, mitzutheilen;
2) ist der Lehrplan dem Universitätslehrplan gleichartig zu gestalten;
3) es ist zur Anstellung an diesen Anstalten die wissenschaftliche Befähigung erforderlich, an einer deutschen Staatsuniversität in der Disziplin zu lehren, für welche die Anstellung erfolgt.

Diese Seminare sind nur für diejenigen Studirenden bestimmt, welche dem Sprengel angehören, für den das Seminar errichtet ist. Hiervon kann jedoch der Minister der geistlichen Angelegenheiten Ausnahmen gestatten.

Der Minister der geistlichen Angelegenheiten macht die zur wissenschaftlichen Vorbildung geeigneten Seminare öffentlich bekannt.

Die Wiedereröffnung der Seminare für die Erzdiözese Gnesen-Posen und die Diözese Kulm wird durch Königliche Verordnung bestimmt.

Artikel 3.

Die kirchlichen Oberen sind befugt, Konvikte für Zöglinge, welche Gymnasien, Universitäten und kirchliche Seminare, hinsichtlich deren die gesetzlichen Voraussetzungen für den Ersatz des Universitätsstudiums erfüllt sind, besuchen, zu errichten und zu unterhalten.

Dem Minister der geistlichen Angelegenheiten sind die für diese Konvikte geltenden Statuten und die auf die Hausordnung bezüglichen Vorschriften einzureichen, sowie die Namen der Leiter und Erzieher, welche Deutsche sein müssen, mitzutheilen.

Artikel 4.

Die kirchlichen Oberen sind befugt, die zur theologisch-praktischen Vorbildung bestimmten Anstalten (Prediger- und Priesterseminare) wieder zu eröffnen.

Dem Minister der geistlichen Angelegenheiten sind die Statuten dieser Anstalten und die für dieselben geltende Hausordnung einzureichen, sowie die Namen der Leiter und Lehrer, welche Deutsche sein müssen, mitzutheilen.

Artikel 5.

Die in den §§. 9 bis 14 des Gesetzes vom 11. Mai 1873 enthaltenen besonderen Vorschriften wegen der Staatsaufsicht über die in den Artikeln 2, 3 und 4 bezeichneten Anstalten werden aufgehoben.

Artikel 6.

Der §. 1 im Gesetz vom 12. Mai 1873 (Gesetz-Samml. S. 198) wird aufgehoben.

Kirchendiener im Sinne des Gesetzes vom 12. Mai 1873 sind nur solche Personen, welche die mit einem geistlichen oder jurisdiktionellen Amt verbundenen Rechte und Verrichtungen ausüben.

Artikel 7.

Die Vorschrift des §. 2 Absatz 2 im Gesetz vom 12. Mai 1873 findet nur Anwendung, wenn mit der Entfernung aus dem Amte der Verlust oder eine Minderung des Amtseinkommens verbunden ist.

Artikel 8.

Dem Minister der geistlichen Angelegenheiten sind die Statuten und die Hausordnung der Demeritenanstalten einzureichen, sowie die Namen der Leiter derselben mitzutheilen. Am Schlusse jedes Jahres ist dem Minister der geistlichen Angelegenheiten ein Verzeichniß der Demeriten, welches deren Namen, die gegen sie erkannten Strafen und die Zeit der Aufnahme und Entlassung enthält, einzureichen.

Von einer Verweisung in eine Demeritenanstalt für länger als vierzehn Tage, oder einer Entfernung aus dem Amte ist dem Oberpräsidenten gleichzeitig mit der Zustellung an den Betroffenen Mittheilung zu machen.

Die in den §§. 6 und 7 des Gesetzes vom 12. Mai 1873 enthaltenen besonderen Vorschriften wegen der Staatsaufsicht werden aufgehoben.

Artikel 9.

Der Königliche Gerichtshof für kirchliche Angelegenheiten (Abschnitt IV des Gesetzes vom 12. Mai 1873) wird aufgehoben.

Artikel 10.

Die Bestimmungen des Abschnitts II des Gesetzes vom 12. Mai 1873 über die Berufung an den Staat werden aufgehoben.

Im Fall des §. 37 im Gesetz vom 20. Juni 1875 (Gesetz-Samml. S. 241) findet nur noch Beschwerde an den Minister der geistlichen Angelegenheiten statt.

Artikel 11.

Der Artikel 2 des Gesetzes vom 14. Juli 1880 (Gesetz-Samml. S. 285) tritt mit der Verkündung des gegenwärtigen Gesetzes wieder in Kraft.

Artikel 12.

Unter die Bestimmungen des Gesetzes vom 13. Mai 1873 (Gesetz-Samml. S. 205) fällt die Versagung kirchlicher Gnadenmittel nicht.

Artikel 13.

Die Bestimmungen des Artikels 6 des Gesetzes vom 14. Juli 1880 werden ausgedehnt auf die Uebernahme der Pflege und Leitung in Waisenanstalten, Armen- und Pfründnerhäusern, Rettungsanstalten, Asylen und Schutzanstalten für sittlich gefährdete Personen, Arbeiterkolonien, Verpflegungsanstalten, Arbeiterherbergen, Mägdehäusern, sowie auf die Uebernahme der Leitung und Unterweisung in Haushaltungsschulen und Handarbeitsschulen für Kinder in nicht schulpflichtigem Alter, als Nebenthätigkeit der ausschließlich krankenpflegenden Orden und ordensähnlichen Kongregationen, welche im Gebiete der preußischen Monarchie gegenwärtig bestehen.

Artikel 14.

In denjenigen Landestheilen, in welchen der Vorsitz im Vorstande einer katholischen Kirchengemeinde — Kirchenrath — nicht bereits vor dem Erlaß des Gesetzes vom 20. Juni 1875 (Gesetz-Samml. S. 241) einem weltlichen Mitgliede zustand, geht der Vorsitz auf den ordnungsmäßig bestellten Pfarrer und Pfarrverweser, in Filialgemeinden auf die für dieselben ordnungsmäßig bestellten Pfarrgeistlichen über.

In der Erzdiözese Gnesen-Posen und in der Diözese Kulm erfolgt die Regelung im Wege Königlicher Verordnung.

Artikel 15.

Das Lesen stiller Messen und das Spenden der Sterbesakramente unterliegt nicht den Strafbestimmungen der Gesetze vom 11. Mai 1873, 12. Mai 1873, 21. Mai 1874 (Gesetz-Samml. S. 139) und 22. April 1875 (Gesetz-Samml. S. 194).

Urkundlich unter Unserer Höchsteigenhändigen Unterschrift und beigedrucktem Königlichen Insiegel.

Gegeben Berlin, den 21. Mai 1886.

(L. S.) **Wilhelm.**

Fürst v. Bismarck. v. Puttkamer. Maybach. Lucius.
Friedberg. v. Boetticher. v. Goßler. v. Scholz.
Bronsart v. Schellendorff.

II.

Erläuterung

des Gesetzes, betreffend

Abänderungen der kirchenpolitischen Gesetze.

Vom 21. Mai 1886.

Artikel 1.

Zur Bekleidung eines geistlichen Amtes ist die Ablegung einer wissenschaftlichen Staatsprüfung nicht erforderlich. Die entgegenstehenden Bestimmungen in den §§. 4 und 8 des Gesetzes vom 11. Mai 1873 (Gesetz-Samml. S. 191), sowie im Artikel 3 des Gesetzes vom 31. Mai 1882 (Gesetz-Samml. S. 307) werden aufgehoben.

I. Die Aufhebung der Staatsprüfung und die Tragweite der Beseitigung derselben.

Das bisherige, auf dem Gesetz über die Vorbildung und Anstellung der Geistlichen, vom 11. Mai 1873 beruhende preußische Staatskirchenrecht hatte für den Erwerb der geistlichen Aemter folgende Erfordernisse aufgestellt:

1. eine bestimmte wissenschaftliche Vorbildung, welche darzuthun war, a) durch Ablegung der Entlassungs- (Abiturienten-) Prüfung auf einem deutschen Gymnasium, b) durch Zurücklegung eines dreijährigen Studiums der Theologie auf einer Staats-Universität oder einer derselben staatlich gleichgestellten Lehr-Anstalt innerhalb des Deutschen Reiches, c) durch Ablegung einer öffentlichen Staatsprüfung, welche nach Absolvirung des gedachten Studiums zu bestehen und welche darauf zu richten war, daß der Kandidat sich die für seinen Beruf erforderliche allgemeine wissenschaftliche Bildung, insbesondere auf dem Gebiete der Philosophie, der Geschichte und der deutschen Literatur erworben habe oder (nach dem Gesetz, betr. Abänderungen der kirchenpolitischen Gesetze vom 31. Mai 1882. Art. 3, GS. S. 307) durch Vorlegung eines Zeugnisses des Oberpräsidenten, daß der betreffende Kandidat nicht nur die Entlassungsprüfung auf einem deutschen Gymnasium abgelegt, sondern auch während seines zu b gedachten dreijährigen Studiums Vorlesungen aus dem Gebiete der Philosophie, der Geschichte und der deutschen Literatur

mit Fleiß gehört habe (vgl. dazu die Cirkularreskripte des Ministers der geistlichen Angelegenheiten v. 29. Juni 1882, P. Hinschius in Dove und Friedberg, Zeitschrift für Kirchenrecht Bd. 18 (1883) S. 176 ff.),

2. die deutsche Reichsangehörigkeit und

3. daß vom Staat kein Einspruch gegen die beabsichtigte Anstellung erhoben worden war, vgl. P. Hinschius, d. preußischen Kirchengesetze des Jahres 1873. Berlin 1873. S. XIX. XXII.

Der Art. 1 des neuen Gesetzes, welcher bis auf das in der Herrenhauskommission vor den Worten „die Ablegung" gestrichene Wort „fortan" (Bericht S. 5) der Regierungsvorlage entspricht, beseitigt das zu 1. c gedachte Erforderniß der Ablegung der Staatsprüfung und damit auch zugleich die Nothwendigkeit, durch Vorlegung des erwähnten Zeugnisses des Ober-Präsidenten eine Befreiung von der Verpflichtung zur Prüfung darzuthun. Maßgebend für diese Aenderung ist die in den Motiven der Regierungsvorlage S. 2 dahin geltend gemachte Auffassung gewesen: „Erwägt man, daß die Grundlage für die wissenschaftliche Vorbildung der Geistlichen die Ablegung der Entlassungsprüfung auf einem Deutschen Gymnasium und das dreijährige theologische Studium auf einer Deutschen Staats-Universität bezw. einem kirchlichen Seminar, hinsichtlich dessen die gesetzlichen Voraussetzungen für den Ersatz des Universitäts-Studiums erfüllt sind, bildet, so erscheint es bei Festhaltung dieser Erfordernisse thunlich, auf die Ablegung einer besondern wissenschaftlichen Staatsprüfung für die Theologen zu verzichten, zumal das Studium der Theologie selbst nicht nur auf die Beschäftigung mit allgemein wissenschaftlichen Gegenständen hinführt, sondern auch eine nähere Bekanntschaft mit einzelnen Zweigen derselben, namentlich der Philosophie und Geschichte zur Voraussetzung hat".

Der Artikel hebt ferner in Konsequenz seiner Anordnung die entgegenstehenden Bestimmungen in den §§. 4 und 8 des Gesetzes vom 11. Mai 1873 und im Art. 3 des Gesetzes vom 31. Mai 1882 auf. Es entfallen in Folge dessen in dem angeführten §. 4 die letzten Worte: „sowie die Ablegung einer wissenschaftlichen Staatsprüfung". Dagegen ist sowohl der citirte §. 8 ganz, und ebenso in dem Artikel 3 der erste Absatz völlig beseitigt, weil diese nur von der Staatsprüfung, bez. den erwähnten Zeugnissen handeln. Endlich wird der Abs. 2 des Art. 3, welcher dem Minister der geistlichen Angelegenheiten ein Dispensationsrecht von den 1. a — c aufgeführten Erfordernissen gewährt, insoweit berührt, als eine solche Dispensation von dem zu c erwähnten, d. h. von der Ablegung der Prüfung oder von der Beibringung des sie ersetzenden Zeugnisses, weil beide überhaupt fortgefallen sind, nicht mehr stattfinden kann.

Uebersehen worden ist aber, sowohl in der Regierungsvorlage, wie auch in beiden Häusern des Landtages, daß auch der §. 27 des Gesetzes vom 11. Mai 1873 hätte aufgehoben werden müssen. Dieser gestattet die Verbindung der Staatsprüfung mit der theologischen Prüfung unter gewissen Voraussetzungen (vgl. P. Hinschius, preuß. Kirchengesetze v. 1873 S. 154. 155). Wenn er auch nicht formell beseitigt ist, so ist er doch durch den Fortfall der Staatsprüfung gegenstandslos geworden.

Ferner hat der Art. 1 die Staatsprüfung seinem Wortlaut nach nur für die Bekleidung eines geistlichen Amtes in Fortfall gebracht, d. h. für die Anstellung in einem Kirchenamte, mit welchem rein geistliche, d. h. gottesdienstliche, seelsorgerische und lehramtliche Funktionen verbunden sind (s. P. Hinschius, das preußische Kirchenrecht im Gebiete des Allgemeinen Landrechts, Berlin u. Leipzig 1884 S. 50 Anm. 36; vgl. auch noch unten zu Art. 6), und zwar da man unter dem Worte: „Bekleidung" sowohl die Verwaltung eines dauernd, wie auch widerruflich übertragenen Amtes verstehen kann, für beide Fälle. Nach den §§. 2. 3 des oben citirten Gesetzes war aber, da im §. 1 auch die §§. 4. 8 in Bezug genommen waren, und der §. 1 in den ersteren gleichfalls auf die Stellvertretung und Hülfeleistung, sowie auf die Uebertragung eines anderen geistlichen Amtes oder auf die Verwandlung einer widerruflichen Anstellung für anwendbar erklärt worden ist, für diese Fälle die Ablegung der Staatsprüfung vorgeschrieben. Sie ist also, weil der §. 1 indirekt durch die Modifikation des §. 4 und die Aufhebung des §. 8 geändert ist, jetzt auch hierfür beseitigt.

Sodann war die Ablegung der Staatsprüfung auch über den Kreis der geistlichen Aemter oder der Verwaltung derselben für die Ausübung bischöflicher Rechte oder Verrichtungen in einem katholischen Bisthum, dessen Stuhl erledigt ist oder gegen dessen Inhaber auf Unfähigkeit zur Bekleidung seines bischöflichen Amtes durch gerichtliches Urtheil erkannt worden war, nach dem §. 2 des Gesetzes über die Verwaltung erledigter, katholischer Bisthümer vom 20. Mai 1874 (GS. S. 135), bez. dem Gesetz, betr. Abänderungen der kirchenpolitischen Gesetze vom 14. Juli 1880 Art. 2 (GS. S. 285), also namentlich für den Kapitelsverweser durch Bezugnahme auf das Gesetz v. 11. Mai 1873 vorgeschrieben, vgl. P. Hinschius, preuß. KR. S. 485, 487, 501. Mit der Aenderung des letzteren, ist das gedachte Erforderniß demnach auch für diese jurisdiktionellen Stellungen und Aemter aufgehoben.

Endlich ändert sich durch Art. 1 zugleich der Thatbestand der in den §§. 22. 23 des Gesetzes vom 11. Mai 1873 vorgesehenen Vergehen (d. h. der Anstellung eines nicht staatsgesetzlich qualifizirten Geistlichen durch den kirchlichen Oberen und der Ausübung von kirchlichen Amtshandlungen durch einen solchen Geistlichen) insofern, als die Nichtablegung der Staatsprüfung oder Nichtbeibringung der erwähnten Zeugnisse aus dem Thatbestand ausscheidet.

II. Rückwirkung der Aufhebung der Staatsprüfung.

Abgesehen von der bisher besprochenen Tragweite des Artikels 1 kommt aber noch in Frage, ob der Fortfall der Staatsprüfung auch für die beim Inkrafttreten des Gesetzes (d. h. am 8. Juni 1886 s. Gesetz vom 16. Februar 1874, GS. S. 23) angestellten Geistlichen, welche eine solche Prüfung nicht abgelegt hatten, und deren Anstellung insofern gesetzwidrig war, zur Anwendung kommt, d. h. ob dieser Mangel durch den Art. 1 nunmehr derart geheilt ist, daß sie als gesetzmäßig angestellte gelten müssen.

Eine Bestrafung des kirchlichen Oberen, welcher einen solchen Geistlichen angestellt, und eines Geistlichen, welcher vor dem gedachten Tage amtirt hat, kann auf Grund der §§. 22. 23 des Gesetzes vom 11. Mai

1873 jedenfalls nicht mehr erfolgen, weil der allgemein strafrechtliche Grundsatz zur Anwendung kommt, daß die Strafbarkeit nach dem mildesten zur Zeit der Aburtheilung geltenden Gesetze zu bemessen ist, vgl. Reichs-Strafgesetzbuch §. 2 Abs. 2; Olshausen, Kommentar zum Strafgesetzbuch. 2. Aufl. Berlin 1885. S. 44.

Aber abgesehen davon wird auch die Heilung der Nichtigkeit der früheren Anstellung, soweit es sich allein um diesen Grund handelt, angenommen werden müssen. Denn einmal ist die Nachholung einer Staatsprüfung für solche Geistliche in Folge der Aufhebung der angeführten §§. 4 und 8, welche diese anordnen, nicht mehr möglich, und eine Bestrafung der betreffenden Geistlichen für die Zukunft wegen der Aenderung der vorhin citirten §§. 22. 23 ausgeschlossen. Die Forderung der Prüfung gerade von den früher angestellten Geistlichen würde ferner, nachdem sie prinzipiell aufgehoben ist, völlig zwecklos sein. Es muß daher angenommen werden, daß der Gesetzgeber insoweit dem Gesetze habe rückwirkende Kraft beilegen wollen. Man kann dafür sich auch auf die Worte: „zur Bekleidung eines geistlichen Amtes" berufen, denn Bekleidung heißt der thatsächliche Zustand des Verwaltens eines Amtes, und wenn der Artikel anordnet, daß staatsgesetzlich dafür die Ablegung der Prüfung nicht mehr erforderlich ist, so erachtet er damit den Zeitpunkt, in welchem jener Zustand begonnen, also den Zeitpunkt der Anstellung auf das Amt für unerheblich.

Artikel 2.

An die Stelle des §. 6 des Gesetzes vom 11. Mai 1873 treten folgende Bestimmungen:

Das theologische Studium kann auch an den zur wissenschaftlichen Vorbildung der Geistlichen geeigneten kirchlichen Seminaren, welche bis zum Jahre 1873 bestanden haben, zurückgelegt werden.

Zur Wiedereröffnung und Fortführung dieser Anstalten sind

1) dem Minister der geistlichen Angelegenheiten die Statuten und der Lehrplan einzureichen und die Namen der Leiter und Lehrer, welche Deutsche sein müssen, mitzutheilen;
2) ist der Lehrplan dem Universitätslehrplan gleichartig zu gestalten;
3) es ist zur Anstellung an diesen Anstalten die wissenschaftliche Befähigung erforderlich, an einer deutschen Staatsuniversität in der Disziplin zu lehren, für welche die Anstellung erfolgt.

Diese Seminare sind nur für diejenigen Studierenden bestimmt, welche dem Sprengel angehören, für den das Seminar errichtet ist. Hiervon kann jedoch der Minister der geistlichen Angelegenheiten Ausnahmen gestatten.

Der Minister der geistlichen Angelegenheiten macht die zur wissenschaftlichen Vorbildung geeigneten Seminare öffentlich bekannt.

Die Wiedereröffnung der Seminare für die Erzdiözese Gnesen-Posen und die Diözese Kulm wird durch Königliche Verordnung bestimmt.

I. Analyse des Art. 2 über die Klerikal-Seminare.

1. Verhältniß zum früheren Recht. Artikel 2 hebt zunächst den §. 6 des Gesetzes v. 11. Mai 1873 auf, welcher über die den Universitäten für das theologische Studium gleich zu erachtenden Lehr-Anstalten (s. o. S. 5 zu 1. b) bestimmt hatte:

> „Das theologische Studium kann in den bei Verkündigung dieses Gesetzes in Preußen bestehenden, zur wissenschaftlichen Vorbildung der Theologen bestimmten kirchlichen Seminaren zurückgelegt werden, wenn der Minister der geistlichen Angelegenheiten anerkennt, daß dieses Studium das Universitätsstudium zu ersetzen geeignet sei.
>
> Diese Vorschrift findet jedoch nur auf die Seminare an denjenigen Orten Anwendung, in welchen sich keine theologische Fakultät befindet, und gilt nur für diejenigen Studirenden, welche dem Sprengel angehören, für den das Seminar errichtet ist.
>
> Die im ersten Absatze erwähnte Anerkennung darf nicht verweigert werden, wenn die Einrichtung der Anstalt den Bestimmungen dieses Gesetzes entspricht und der Minister der geistlichen Angelegenheiten den Lehrplan derselben genehmigt."

Nach diesem § konnten die sog. Klerikal-Seminare, d. h. diejenigen geistlichen Anstalten, welche für die wissenschaftlich-theologische Ausbildung der katholischen Theologen bestimmt waren, den Universitäten durch den Minister der geistlichen Angelegenheiten für die Erfüllung des Universitätsstudiums gleichgestellt werden, aber mit der Beschränkung, daß

a) nur solche Seminare dieses Vorrechts theilhaftig werden durften, welche sich an Orten ohne eine Universität, also ohne eine katholisch-theologische Fakultät, befanden, und

b) daß an diesen Seminaren blos solche Theologen, welche dem Amtssprengel, der Diöcese oder dem Delegaturbezirke, für welche das Seminar bestimmt war, durch ihre Lebensverhältnisse, z. B. ihren Wohnsitz, Wohnsitz der Eltern, früheren dauernden Lebenslauf angehörten, ihr Studium mit der Wirkung, daß es staatlicherseits als Ersatz des Universitätsstudiums betrachtet wurde, ablegen konnten,

c) daß der Minister der geistlichen Angelegenheiten anerkannt hatte, daß das Studium auf solchem Seminar das Universitätsstudium zu ersetzen geeignet sei.

Der Art. 2 gestattet nicht beliebig neue Klerikal-Seminare zu errichten. Allerdings hatte die Bulle: De salute animarum vom 16. Juli 1821, welche indessen nur für Altpreußen in Betracht kommt, bestimmt, daß für jedes Erzbisthum und jedes Bisthum ein solches Seminar erhalten oder neu errichtet werden sollte, aber diese Vorschrift ist unter Uebereinstimmung der kirchlichen und staatlichen Faktoren dahin ausgeführt worden, daß nur diejenigen Diöcesen, in welchen sich keine katholisch-theologischen Fakultäten befanden, damals derartige Lehranstalten erhalten haben, vgl. den Kommissionsbericht des Herrenhauses S. 9. 10, und die zufolge eines besonderen Amendements in der Kommission in den Artikel 2 aufgenommenen Worte: „welche bis zum Jahre 1873 bestanden haben", ergeben deutlich, daß das Gesetz keine unbedingte Freiheit für die Errichtung von Klerikal-Seminaren gewährt.

Nur diejenigen Klerikal-Seminare, welche nach dem Wortlaut des Gesetzes beim Ablauf des 31. Dezembers 1872 — wahrscheinlich hat aber (und diese Inkorrektheit ist bei der Eile, mit welcher das ganze Gesetz durch die Häuser des Landtages gegangen ist, nicht verwunderlich) gemeint sein sollen: welche bei der Verkündigung oder bei dem Tage des Inkrafttretens des Gesetzes vom 11. Mai 1873 — vorhanden waren, können wieder eröffnet und nach ihrer Eröffnung fortgeführt werden. Da sich unter diesen kein Klerikal-Seminar für eine Diöcese, in welcher eine staatlich errichtete katholisch-theologische Fakultät besteht, befunden hat (— m. W. können, abgesehen von den früheren Seminarien in Posen und zu Pelplin in der Diöcese Kulm, s. darüber den letzten Abs. des Art. 2, allein die philosophisch-theologische Lehranstalt zu Paderborn [academia Paderbornensis oder Seminarium Theodorianum], das Priesterseminar zu Trier, zu Braunsberg [Diöcese Ermland] und zu Fulda in Frage kommen, Auskunft darüber ist weder bei den Berathungen des jetzigen Gesetzes verlangt, noch gegeben worden, und die Beilage zu der Regierungsvorlage, zum Entwurfe des nachmaligen Gesetzes vom 11. Mai 1873, Drucksachen des Hauses d. Abgeordneten 11. Leg.-Periode III. Session 1872—1873 Nr. 95, auch abgedruckt in Dove u. Friedberg, Zeitschr. f. Kirchenrecht 1874. Bd. 12 S. 125 hat die Priester-Seminare für die praktische Vorbereitung und die Klerikal-Seminare nicht gesondert aufgeführt —), so ist es materiell bei der oben unter a gedachten Vorschrift des Gesetzes vom 11. Mai 1873 geblieben, wenngleich diese ihre formelle Geltung verloren hat. Praktische Bedeutung hat aber der Artikel 2 insofern, als er die unbedingte Aufrechterhaltung der in Bezug auf diese Seminare, z. B. schon im Laufe des Sommers und Herbstes 1873 hinsichtlich der zu Paderborn, Trier und Fulda seitens des Ministers der geistlichen Angelegenheiten abgegebenen Erklärungen, daß sie das Universitätsstudium zu ersetzen nicht geeignet seien, ausschließt.

Das Erforderniß zu b (s. o. S. 9) ist zwar in Abs. 3 des Artikels 2 aufrechterhalten, aber dem Minister die ihm früher nicht zustehende Befugniß beigelegt, auch anderen als Diöcesan-Angehörigen den Besuch eines solchen Seminars mit der Wirkung zu gestatten, daß das Studium an denselben das Universitätsstudium ersetzt.

Dagegen ist die Nothwendigkeit, daß der Minister der geistlichen Angelegenheiten anerkennt, daß das Studium auf einem solchen Seminar das Universitätsstudium erübrigt (s. o. S. 9 unter c), sowohl als Bedingung der Wiedereröffnung und Fortführung der gedachten Lehranstalten, wie auch als Bedingung der staatlich anzuerkennenden Zurücklegung des theologischen Studiums an ihnen entfallen.

In dem Kommissionsberichte des Herrenhauses wird zwar bemerkt (S. 11): „Es wurde hierbei das selbstverständliche Erforderniß der staatlichen Anerkennung, daß die betreffende Anstalt geeignet sei, das Universitätsstudium zu ersetzen, dadurch hervorgehoben: daß dem Artikel beigefügt wurde: der Minister der geistlichen Angelegenheiten macht die zur wissenschaftlichen Vorbildung geeigneten Seminare öffentlich bekannt. Es wurde hierbei darauf hingewiesen, daß eine solche Bekanntmachung schon im wesentlichen Interesse der Studirenden selbst liege." Diese Auffassung muß indessen als unzutreffend bezeichnet werden. Da Art. 2 zunächst den §. 6 aufhebt, so war das erwähnte Erforderniß damit gleichfalls beseitigt, also keineswegs mehr selbstverständlich, umsoweniger als der Artikel schlechthin den Satz an die Spitze stellt, daß das theologische Studium an den wieder eröffneten Seminaren, d. h. mit der Verpflichtung des Staates, dasselbe anzuerkennen, zurückgelegt werden kann. Erst dann werden im Artikel die Erfordernisse für die Wiedereröffnung aufgezählt, indessen befindet sich unter den drei von ihm aufgeführten Nummern die Anerkennung des Kultusministers nicht. Sie ist also nach den Regeln einer gesunden Gesetzes-Interpretation nicht erforderlich, geschweige denn selbstverständlich, ja umgekehrt ist der Minister, das ordnet das kategorische: „macht — öffentlich bekannt" an, sowie die Bedingungen erfüllt sind, sogar verpflichtet, die betreffende Bekanntmachung vorzunehmen.

2. Die Bedingungen der Wiedereröffnung und Fortführung der Klerikal-Seminare im Einzelnen.

Das Gesetz vom 11. Mai 1873 §. 6 (s. o. S. 9) hatte die Anerkennung der Geeignetheit eines Seminars für den Ersatz des Universitätsstudiums nicht in das Belieben des Kultusministers gestellt, ihn vielmehr dazu verpflichtet erklärt, falls der Lehrplan von ihm genehmigt war — und dies mußte geschehen, wenn er nach seiner Anlage ein wissenschaftliches Studium der Theologie und ihrer Hilfswissenschaften ermöglichte —, falls weiter die staatliche Revision der Anstalt gestattet wurde, und die Lehrer die vorgeschriebene Qualifikation hatten (vgl. §§. 9. 10—12 des citirten Gesetzes und P. Hinschius, Kirchengesetze v. 1873 S. 113 Anm. 6—8).

Der Artikel 2 stellt ebenfalls besondere Bedingungen auf, aber nicht mehr für eine solche Anerkennung, sondern für die Wiedereröffnung und Fortführung der Seminare, welche sich übersichtlicher als dies in seinen drei Nummern geschehen ist, folgendermaßen zusammenfassen lassen:

1. es sind dem Kultusminister einzureichen:
   a) die Statuten der Lehranstalt und
   b) der Lehrplan,
2. der Lehrplan muß dem Universitätslehrplan gleichartig gestaltet sein, d. h. in demselben Maße wie der Lehrplan der katholisch-theologischen Fakultäten ein wissenschaftliches Studium der Theologie und ihrer Hülfswissenschaften ermöglichen.
3. es dürfen:
   a) als Leiter und Lehrer solcher Anstalten nur Personen angestellt werden, welche die deutsche Reichsangehörigkeit besitzen,
   b) als Lehrer blos solche, welche die wissenschaftliche Befähigung haben, in der Disziplin, für welche ihre Anstellung erfolgt, an einer deutschen Staatsuniversität zu lehren.
   c) Sind die Namen und Lehrer der Anstalt dem Kultusminister mitzutheilen.

Das Erforderniß zu 3. a für die Lehrer entspricht dem früheren Recht, s. §. 10 des Gesetzes vom 11. Mai 1873. Das zu 3. b gedachte ist in wörtlicher Fassung dem §. 11 a. a. O. entnommen und bedeutet, daß der betreffende Lehrer sich als Privatdozent an einer deutschen Staatsuniversität für diejenigen Fächer, in denen er an der Anstalt lehren will und soll, habilitirt haben muß. Freilich können auch Gelehrte, welche ihre Befähigung in anderer Weise, z. B. durch ihre literarische Thätigkeit dargethan haben, in akademische Lehrämter befördert werden, so daß eine Habilitation nicht unbedingt nöthig erscheint (vgl. P. Hinschius, Kirchengesetze 1873. S. 121 N. 4). Indessen kann in solchen Fällen nur die staatliche Unterrichts-Verwaltung über die Qualifikation der betreffenden Personen entscheiden, und da in Art. 2 die Befähigung für das Lehren an der Staatsuniversität erfordert wird, so wird vorher die Erklärung des Kultusministers einzuholen sein, ob er die in Aussicht genommene Persönlichkeit auch ohne Erfüllung der Habilitations-Bedingungen für geeignet erachtet, an einer Staatsuniversität als Privatdozent zu fungiren. Eine andere Art und Weise, die Qualifikation festzustellen, ist nicht denkbar, denn der frühere Modus, nach welchem dies durch den staatlichen Einspruch geschehen konnte (s. §. 10 des früheren Gesetzes vom 11. Mai 1873 und den citirten Kommentar a. a. O.), ist jetzt ausgeschlossen, weil der Art. 2 das Einspruchsrecht des Staates gegen die Anstellungen der erwähnten Lehrer beseitigt hat.

Im übrigen ist zu Nr. 3 (s. o. S. 11) noch folgendes zu bemerken:

a) Für die Leiter der Klerikal-Seminare bedarf es, sofern sie nicht selbst an denselben lehren, keiner bestimmten wissenschaftlichen Befähigung.

b) Fragt es sich, ob unter der Anstellung lediglich eine feste, oder auch eine widerrufliche, ja endlich auch die bloße Betrauung mit einer vorübergehenden Stellvertretung oder Hülfeleistung in der Lehrthätigkeit zu verstehen ist.

Nach den §§. 10. 11 des Gesetzes vom 11. Mai 1873 waren die vorgeschriebenen Erfordernisse in allen aufgezählten Fällen zu erfüllen. Es wird dies jetzt, soweit es sich um die wissenschaftliche Befähigung handelt, nicht mehr behauptet werden können, denn eine dem Abs. 2 des citirten §. 10 entsprechende Vorschrift, findet sich im Art. 2 nicht, und das Wort „Anstellung" bedeutet die Uebertragung eines Amtes zu eigenem Rechte und zur dauernden Ausübung. Andererseits wird aber nicht blos die unwiderrufliche Uebertragung, sondern auch eine Uebertragung des Lehramtes ad nutum unter Anstellung zu begreifen seien, weil eine solche immer zunächst auf unbeschränkte und unbestimmte Zeit erfolgt, und die Worte: Anstellen, Anstellung sowohl auf dem Gebiete des Staatsrechtes (wie z. B. bei den Staatsanwälten, diplomatischen Beamten), wie auch auf dem des Kirchenrechts (wie bei den Sukkursal- und Missions-Pfarrern) auch für die Uebertragung solcher Aemter gebraucht werden, welche ihren Inhabern beliebig entzogen werden können.

3. **Mangel besonderer Mittel zur Durchführung der Vorschriften über die Klerikal-Seminare.** Besondere Mittel, die Erfüllung der vorgeschriebenen Bedingungen für die Wiedereröffnung und Fortführung der Klerikal-Seminare zu sichern, giebt der Artikel 2 dem Staate nicht an die Hand. Wenn der Berichterstatter der Kommission in der Sitzung des Herrenhauses vom 13. April 1886 (stenographische Berichte S. 209) gemeint hat: „die Publikation der Anstalten durch den

Kultusminister hat zur natürlichen Folge, daß wenn der Kultusminister deklarirt, die und die Anstalt ist nicht geeignet zum Ersatze des Universitätsstudiums, die Weiterführung derselben keinen praktischen Werth hat", so kann dies nicht für richtig erachtet werden.

Wessen Entscheidung bei Differenzen darüber maßgebend sein soll, ob der Lehrplan dem Universitätsplan gleichartig gestaltet oder ein nicht habilitirter Lehrer qualifizirt ist, ob die des Bischofs oder die des Kultusministers, bestimmt der Artikel 2 nicht. Nach der kirchlichen Anschauung ist der Bischof der Berechtigte, nach der staatlichen der Minister (s. auch o. S. 12). Von dem letzteren Standpunkte aus, ist dieser berechtigt, die Veröffentlichung der Erklärung, daß das Seminar zum Ersatz des Universitätsstudiums geeignet sei, zu unterlassen, ja auch eine Erklärung, wie sie der Berichterstatter erwähnt hat, zu publiziren. Der Bischof wird sich aber seinerseits dadurch nicht gebunden erachten, wenn nach seiner Annahme die Bedingungen des Artikels 2 erfüllt sind, vielmehr die Kandidaten anweisen, auf dem Seminar weiter zu studiren. Der Konflikt ist damit gegeben, nur ist die staatliche Behörde in einem solchen Fall schlechter als früher gestellt, weil ihr in dem Gesetze vom 11. Mai 1873 §. 6 Abs. 3 und §. 10 ein maßgebendes Entscheidungsrecht zugesprochen war.

Es ergiebt sich aber weiter die Frage, ob der Kultusminister, falls die Wiedereröffnung oder Fortsetzung der Seminare den Bestimmungen des Art. 2 nicht entsprechend erfolgt, gegenüber dem neuen Gesetze noch befugt ist, etwaige Staatsmittel für dieselben zurückzubehalten oder sie gar zu schließen. Da indessen bei der Erörterung auch die Vorschriften des Artikels 5 in Betracht kommen, und die Frage sich nicht allein auf die Klerikal-Seminare beschränkt, so konnte sie erst später bei Artikel 5 behandelt werden.

4. Sonderbestimmungen für Gnesen-Posen und Kulm. Der letzte Absatz des Artikels 2 verordnet, daß die Wiedereröffnung der Seminare für die Erzdiözese Gnesen-Posen und für die Diözese Kulm (s. o. S. 2) durch königliche Verordnung bestimmt wird, d. h. diese Seminare werden von den vorgehenden Vorschriften des Artikels 2 nicht betroffen. Es besteht demnach keine Verpflichtung, selbst wenn dieselben erfüllt sind, die Wiedereröffnung und Fortführung der erwähnten Klerikal-Seminare zu gestatten, und es können für sie besondere, von dem Artikel 2 abweichende Bestimmungen getroffen werden, ehe ihre Wiedereröffnung gestattet wird (vgl. übrigens auch die Erklärung des Kultusministers in dem Kommissionsbericht S. 9: „Hier müsse man es von einer Allerhöchsten Genehmigung abhängig machen. Endlich sei eine Aufsicht allen diesen Anstalten gegenüber nicht auszuschließen").

II. Beseitigung früherer kirchengesetzlicher Vorschriften.

Was schließlich die Einwirkung des Artikels 2 auf die bisherige Gesetzgebung, abgesehen von dem direkt aufgehobenen §. 6 und den schon o. S. 12 gedachten §§. 10. 11 des Gesetzes vom 11. Mai 1873 betrifft, so hatte der Art. 3 Abs. 2 des Gesetzes vom 31. Mai 1882 (G. S. S. 307):

> „Der Minister der geistlichen Angelegenheiten ist ermächtigt, auch im Uebrigen . . . . von dem Erfordernisse des §. 11 des Gesetzes vom 11. Mai 1873 zu dispensiren, auch ausländischen Geistlichen

die Vornahme von geistlichen Amtshandlungen oder die Ausübung eines der im §. 10 erwähnten Aemter zu gestatten. — Die Grundsätze, nach welchen dies zu geschehen hat, sind vom Staatsministerium mit Königlicher Genehmigung festzustellen",

dem Kultusminister die Befugniß gewährt, nach den auf die erwähnte Weise festzustellenden Grundsätzen:

a) von dem Erforderniß der wissenschaftlichen Befähigung für die Lehrämter an den Klerikal-Seminaren zu dispensiren,

b) ausländischen Geistlichen die vorübergehende Ausübung der Lehrthätigkeit an solchen zu gestatten, vgl. dazu P. Hinschius in Dove und Friedberg, Zeitschrift für Kirchenrecht Bd. 18. S. 181. 183.

Beide Befugnisse sind jetzt entfallen, weil Art. 2 Nr. 1 ausnahmslos die deutsche Reichsangehörigkeit für alle Leiter und Lehrer, (auch für die vorübergehend wirkenden) und ebenso Nr. 3 für die Wiedereröffnung und Fortführung der Seminare die erwähnte wissenschaftliche Befähigung fordert. Daher muß der Absatz 2 des Art. 3 des Gesetzes vom 31. Mai 1882 insoweit für aufgehoben erachtet werden.

Beseitigt ist ferner die Vorschrift des §. 10 des Gesetzes vom 11. Mai 1873, welche nicht nur für die Lehrer, sondern auch für die zur Wahrung der Disziplin an den erwähnten Anstalten angestellten Personen, die Eigenschaft eines Deutschen und der besonderen wissenschaftlichen Befähigung verlangt, weil Art. 2 derselben nicht erwähnt.

Dagegen ist der §. 7 des Gesetzes vom 11. Mai 1873 noch in Geltung geblieben. Er bestimmt:

„Während des vorgeschriebenen Universitätsstudiums dürfen die Studirenden einem kirchlichen Seminare nicht angehören."

Allerdings bezweckt der §. 7 wesentlich die Durchführung der Vorschrift des §. 6, daß kirchliche Seminare nur dann, wenn es für den Sprengel an einer Universität fehlt, zum Ersatz für das Universitätsstudium geeignet sind, zu sichern. Wenn indessen auch jetzt der §. 6 formell aufgehoben ist (S. 9. 10), so hat seine Anordnung doch materiell ihre Bedeutung nach den eben citirten früheren Ausführungen nicht verloren. Eine nothwendige Consequenz der Aufhebung des §. 6 ist die Beseitigung des §. 7 demnach nicht. Selbst jetzt wird noch in erster Linie das theologische Studium auf den Staatsuniversitäten gefordert und nur aushülfeweise auf den Klerikal-Seminaren zugelassen. Es widerspricht demnach immer noch den Absichten des Gesetzgebers, daß durch Errichtung nicht staatlich anerkannter, rein kirchlicher Lehr-Anstalten die Möglichkeit gewährt werde, das Studium gleichzeitig auf der Universität und auf einem Seminar zu betreiben. Ueberdies ist auch in der Kommission des Herrenhauses ausdrücklich von der Mehrheit derselben erklärt, daß §. 7 nicht aufgehoben werden solle und ein auf Beseitigung gehender Antrag abgelehnt worden (s. Bericht S. 6. 7). In Uebereinstimmung hiermit führt auch Rintelen, Die kirchenpolitischen Gesetze Preußens und des Deutschen Reichs, Berlin 1886, S. 13 den §. 7 noch als geltend auf, während allerdings Günther, Beitrag zur Orientirung in der kirchenpolitischen Gesetzgebung in Preußen, Berlin 1886, S. 7 ihn ohne jeden Grund als beseitigt ansieht.

Artikel 3.

Die kirchlichen Oberen sind befugt, Konvikte für Zöglinge, welche Gymnasien, Universitäten und kirchliche Seminare, hinsichtlich deren die gesetzlichen Voraussetzungen für den Ersatz des Universitätsstudiums erfüllt sind, besuchen, zu errichten und zu unterhalten.

Dem Minister der geistlichen Angelegenheiten sind die für diese Konvikte geltenden Statuten und die auf die Hausordnung bezüglichen Vorschriften einzureichen, sowie die Namen der Leiter und Erzieher, welche Deutsche sein müssen, mitzutheilen.

I. Die Knaben-Konvikte im Gegensatze zu den Knaben-Seminaren.

Der Artikel 3 bestimmt, daß die kirchlichen Oberen, d. h. die Erzbischöfe und Bischöfe sowohl in ihrer Eigenschaft als Diöcesanbischöfe, wie auch als Verwalter von Delegaturbezirken (s. P. Hinschius, preußisches Kirchenrecht S. 70 N. 23 und Kirchenrecht Bd. II S. 359. 362) die Befugniß haben,

> Konvikte, d. h. Anstalten, welche Knaben und junge Leute zu gemeinsamem Leben und zu gemeinsamer Erziehung unter geistlicher und kirchlicher Leitung vereinen, in denen also die Lebensweise derselben genau geregelt, eine stete Aufsicht über die letztere und über die Studien der Zöglinge geführt wird, und in welchen ihnen auch Anleitung für ihre Studien und ihre Arbeiten unter Veranstaltung von Repetitionen gegeben werden kann,

zu errichten und zu unterhalten, daß aber in diese nur

> solche Zöglinge aufgenommen werden dürfen, welche die Gymnasien, die Universitäten und diejenigen kirchlichen (d. h. Klerikal-)Seminare besuchen, hinsichtlich deren die Voraussetzungen für den Ersatz des Universitätsstudiums erfüllt sind.

Damit ist die Errichtung von Konvikten, in denen für die Zöglinge zugleich ein den Gymnasial- oder Universitäts-Unterricht ersetzender Unterricht gegeben wird, ausgeschlossen, und ferner weiter angeordnet, daß kein Konvikt, in welchem zugleich die Theologie zum Ersatze des Universitätsstudiums gelehrt wird, ein solches Klerikal-Seminar werden kann, welches rechtlich der katholisch-theologischen Fakultät einer Staatsuniversität gleichsteht, und in welchem das theologische Studium zum Ersatz des Universitätsstudiums betrieben werden darf.

Andererseits ist aber die Errichtung derartiger Konvikte nicht allein für Knaben zulässig, welche sich künftig dem Studium der Theologie widmen wollen, und auf junge Leute beschränkt, welche Theologie auf der Universität studiren, sondern ist es auch gestattet, in diese Konvikte andere Zöglinge aufzunehmen.

Die Errichtung derartiger Konvikte ist ferner nach Art. 3 nicht an irgend welche staatliche Genehmigung oder auch nur an eine vorgängige Anzeige an die Staatsbehörde gebunden.

Der §. 14 des Gesetzes vom 11. Mai 1873 hatte bestimmt:

„Knabenseminare und Knabenkonvikte (§. 9) dürfen nicht mehr errichtet und in die bestehenden Anstalten dieser Art neue Zöglinge nicht mehr aufgenommen werden.

Im Falle der Aufnahme neuer Zöglinge ist der Minister der geistlichen Angelegenheiten zur Schließung der betreffenden Anstalt befugt",

er ist also, insoweit er die Knabenkonvikte betrifft, aufgehoben, aber in Geltung geblieben, soweit er über die Knabenseminare Anordnungen enthält, was Rintelen a. a. O. S. 15, welcher den §. 14 als gänzlich aufgehoben bezeichnet, übersehen hat, während Günther a. a. O. S. 14 mit der hier vertretenen Ansicht übereinstimmt.

Mit Rücksicht hierauf ist eine genaue Abgrenzung der Begriffe: Knabenkonvikte und Knabenseminare geboten.

Die Regierungsvorlage, deren Art. 2 lautete: „Die Vorschriften der §§. 9 bis 14 im Gesetz vom 11. Mai 1873 stehen der Errichtung von Gymnasial-Konvikten Seitens der kirchlichen Oberen nicht entgegen", hatte diesen damit motivirt (s. S. 2):

„Schon bei Erlaß des Gesetzes vom 11. Mai 1873 wurde zu §. 14, welcher die Errichtung von Knabenseminaren und Knabenkonvikten verbietet, Seitens der Staatsregierung in Uebereinstimmung mit beiden Häusern des Landtags konstatirt, daß sich diese Bestimmung nur auf die, nach den Vorschriften des Tridentinums eingerichteten Seminare und Konvikte, nicht aber auf Gymnasialalumnate überhaupt beziehe, auch wenn letztere von kirchlichen Organen eingerichtet oder geleitet werden. Demgemäß sind bei Ausführung des §. 14 cit. diejenigen Konvikte, welche nach ihren Statuten und Einrichtungen sich nicht als tridentinische Anstalten im strengen Sinne darstellen, unberührt geblieben und bestehen noch gegenwärtig in ungehinderter Wirksamkeit, unterliegen aber wie alle Gymnasialalumnate der allgemein gesetzlich geordneten Staatsaufsicht über die Unterrichts- und Erziehungsanstalten. Es sind dies das Collegium Marianum zu Pelplin in der Diöcese Culm, das katholische Knabenpensionat zu Opladen in der Erzdiöcese Cöln, sowie die Knabenkonvikte zu Hildesheim, Osnabrück und Meppen und endlich die sogenannten Knabenseminare zu Hadamar und Montabaur, Diöcese Limburg. Ferner sind in neuerer Zeit auf ähnlicher Grundlage das bischöfliche Gymnasialalumnat (Seminarium Liborianum) zu Paderborn, das katholische Gymnasiastenpensionat zu Heiligenstadt und das Alumnat zu Fulda eingerichtet worden, welche sämmtlich sich eines blühenden Zustandes erfreuen."

Es scheint danach, als habe man das Verbot bloß bezüglich solcher Anstalten, welche die Motive, ohne zwischen Seminaren und Konvikten, wie dies das Gesetz vom 11. Mai 1873 thut, zu unterscheiden, als tridentinische Anstalten im strengen Sinne bezeichnen, aufrecht erhalten wollen, umsomehr als sie hervorheben, daß man beim Erlaß des erwähnten Gesetzes den §. 14 des letzteren in demselben Sinne aufgefaßt habe.

Diese Auffassung der Regierungsmotive muß indessen als irrig bezeichnet werden. Das ergiebt sich schon daraus, daß die tridentinischen Seminare (Sess. XXIII c. 18 de ref.) im strengen Sinne Anstalten sind, in welchen die aufgenommenen Knaben erzogen und die nöthige allgemeine, ferner die speziell wissenschaftlich-theologische und endlich auch die praktisch-theologische Vorbildung erhalten sollen, also nach dem Tridentinum den Gymnasial-, den Universitäts-Unterricht und die praktisch-theologische Ausbildung zu gewähren, oder mit anderen Worten die heute sog. Knaben-, Kleriker- und Priester-Seminare zu ersetzen bestimmt sind, (vgl. Walter, Kirchenrecht §. 202; v. Schulte, Lehrbuch des Kirchenrechts. 3. Aufl. S. 597). Solche Seminarien hat es in Preußen niemals, namentlich auch nicht im Jahre 1873 gegeben, und damit widerlegt es sich schon, daß das Gesetz vom 11. Mai 1873 nur die tridentinischen Anstalten im strengen Sinne habe treffen wollen, und daß man damals die „nach den Vorschriften des Tridentinums eingerichteten (!) Seminare und Konvikte“ und die Gymnasial-Alumnate in Gegensatz gestellt habe. Das Schema für die im Laufe des Juni 1873 seitens der Ober-Präsidenten an die Bischöfe der Monarchie erlassenen gleichlautenden Schreiben (s. P. Hinschius, Kirchengesetze von 1873 S. 118), welches der Verfasser der Regierungsmotive, wahrscheinlich, weil ihm der Inhalt des conc. Trid. Sess. XXIII c. 18 de ref. nicht gegenwärtig gewesen ist, mißverstanden hat, legt den damaligen Standpunkt der Kultusverwaltung dahin klar: „Unter Knabenseminaren und Konvikten sind solche kirchliche Anstalten zu verstehen, welche dazu bestimmt sind, in Gemäßheit der Vorschriften des Tridentiner Concils, Knaben mit Rücksicht auf ihren künftigen Beruf, als Geistliche vorzubilden, sei es durch Unterrichtung und Erziehung (eigentliche Knaben-Seminare), sei es nur durch die Erziehung, so daß die Knaben den Unterricht außerhalb der Anstalten erhalten (Knaben-Konvikte).“ Man hat also damals nicht Gymnasial-Alumnate und tridentinische Anstalten im eigentlichen Sinne unterschieden, sondern unter den zum Ersatz der eigentlichen tridentinischen Seminarien vorhandenen Anstalten die Knaben-Seminare und die Knaben-Konvikte nach den eben gedachten Kriterien theoretisch auseinandergehalten. Gesetzgeberisch hat man sie gleich behandelt, wie die §§. 9—14 des Gesetzes vom 11. Mai 1873, in denen sie stets neben einander genannt werden, zeigen, und zwar aus dem Grunde, welchen der damalige Regierungs-Kommissar Geh.-R. Lucanus (s. stenographische Berichte des Herrenhauses 1873 S. 503) dahin angegeben hat: „Bei diesen Anstalten kommt es vornehmlich auf das Prinzip der Erziehung an, auf den Zweck, die jungen Leute, die Geistliche werden wollen, in einer solchen Weise zu erziehen, wie sie sich der geistliche Obere zugerichtet wissen will, und in dieser Beziehung wirkt das Konvikt genau ebenso, wie das Seminar. Es ist auch gar nicht zu verkennen, daß, wenn ein Konvikt 100, 150—200 Zöglinge hat und diese kompakt in das Gymnasium sendet, nicht das Gymnasium das Konvikt, sondern das Konvikt das Gymnasium beherrscht.“ War man doch dazu von diesem Standpunkt aus umsomehr genöthigt, als die damals vorhandenen Anstalten meistens unter den Begriff der Konvikte in dem gedachten Sinne fielen und nur einzelne, aber auch diese nicht einmal vollständig den Charakter der Knaben-Seminare trugen, vgl. P. Hinschius, Kirchengesetze v. 1873 S. 117. 118.

Nachdem sich jetzt der Gesetzgeber davon überzeugt haben will, daß die Knabenkonvikte anders zu behandeln seien, als die Knabenseminare, fragt es sich, ob die Auffassung der Regierungsmotive, welche nur die tridentinischen Anstalten im strengen Sinne aus der Kategorie der Knaben-Konvikte aussondern, und anzunehmen scheinen, daß alle nicht dazu gehörigen Institute zur Klasse der Gymnasial-Alumnate gehören, für die Auslegung des Art. 3 des Gesetzes maßgebend ist, oder ob es noch jetzt auf die Auffassung ankommt, welche die Kultusverwaltung im Jahre 1873 vertreten hat.

Es kann keinem Zweifel unterliegen, daß das letztere der Fall ist. Die Regierungsvorlage, welche blos den Ausdruck: Gymnasial-Konvikte aufwies, ist nicht Gesetz geworden, vielmehr rührt der Art. 3 in seiner jetzigen Fassung von der Herrenhaus-Kommission her, und diese hat die Bezeichnung: „Konvikte für Zöglinge, welche die Gymnasien, Universitäten u. s. w. besuchen", mit der Motivirung gewählt: „Es schließe dies jeden Zweifel aus, ob auch Konvikte, welche den Gymnasialunterricht ersetzen sollen, gemeint sein könnten, während mittelst der einzurichtenden Hausordnung der Zweck einer eingehenden religiösen Erziehung und Gewöhnung erreicht werden könne" (Bericht S. 7). Diese Aeußerung stimmt mit der früheren Auffassung, nicht mit der Bemerkung in der Regierungsvorlage überein.

Es ist also durch Art. 3 nur die Errichtung von Erziehungsanstalten für die gedachten Zöglinge erlaubt, nicht aber die Errichtung von Knabenseminaren, d. h. von Unterrichts-Anstalten, welche den Gymnasial-Unterricht ganz ersetzen sollen, gleichviel ob, wie dies bis 1873 bei dem bischöflichen Knabenseminar (Collegium Augustinianum) zu Gaesdruck (Diözese Münster) der Fall war, die Zöglinge die Abiturienten-Prüfung bei einem staatlichen Gymnasium ablegen oder nicht, ferner nicht die Errichtung von solchen Anstalten, welche wenigstens für eine Reihe von Gymnasial-Klassen, etwa bis Tertia oder Sekunda, den vollen Unterricht ertheilen, also den Gymnasial-Unterricht auch nur zu einem Theile zu erübrigen bestimmt sind.

II. Die staatlichen Vorschriften für Konvikte.

Was die staatlich vorgeschriebenen Bedingungen für die Konvikte für Knaben und Studirende der Theologie betrifft, so hat Art. 3 in Abs. 2 nur die Vorschrift des §. 10 aufgenommen, daß die Leiter und Erzieher an diesen Anstalten die deutsche Reichsangehörigkeit besitzen müssen. Die Nothwendigkeit der Befähigung zur Anstellung an einem preußischen Gymnasium (also der Ablegung der Prüfung für das Lehramt an höheren Schulen und der Absolvirung des Probejahres) ist beseitigt, und insoweit ist der §. 11 des Gesetzes aufgehoben, nicht minder die weitere Vorschrift, daß Kleriker, welche an solchen Anstalten angestellt werden, die für die Erwerbung der geistlichen Aemter vorgeschriebene wissenschaftliche Vorbildung (s. o. S. 5) haben müssen.

Ferner müssen dem Minister der geistlichen Angelegenheiten:

a) die Namen der Leiter und Erzieher an den gedachten Anstalten mitgetheilt werden, womit auch für diese Stellungen das in §. 10 des Gesetzes vom 11. Mai 1873 vorgesehene staatliche Einspruchsrecht fortgefallen ist, und

b) sind ihm die für diese Konvikte geltenden Statuten und die auf die Hausordnung bezüglichen Vorschriften einzureichen.

Der §. 9 des gedachten Gesetzes hatte die Vorlegung der Hausordnung und des Reglements über die Disziplin, sowie auch die Einreichung des Lehrplanes der Knaben-Seminare und Knaben-Konvikte an den Ober-Präsidenten vorgeschrieben. Da die letzteren keine Unterrichts-Anstalten sein dürfen, so entfällt die Einreichung des Lehrplans von selbst, dagegen muß — aus welchem Grunde man dies beseitigt hat, ist freilich nicht ersichtlich — die Pflicht zur Vorlegung des Disziplinar-Reglements, obwohl die Einsicht in dieses gerade für den Staat von Interesse wäre, für aufgehoben erachtet werden. Im weiteren Sinne könnte man unter den auf die Hausordnung bezüglichen Vorschriften allerdings auch derartige Reglements verstehen, aber der §. 9, um dessen Abänderung es sich jetzt gehandelt hat, ist nicht von dieser Auffassung ausgegangen, und es ist daher nicht anzunehmen, daß man dieselbe unbeachtet gelassen hätte und einen anderen Sprachgebrauch habe annehmen wollen.

Ueber die Frage, in welcher Weise die Beobachtung der in Abs. 2 des Artikels 3 enthaltenen Bestimmungen nöthigenfalls erzwungen werden kann, vgl. die Erörterungen zu Artikel 5.

Artikel 4.

Die kirchlichen Oberen sind befugt, die zur theologisch-praktischen Vorbildung bestimmten Anstalten (Prediger- und Priesterseminare) wieder zu eröffnen.

Dem Minister der geistlichen Angelegenheiten sind die Statuten dieser Anstalten und die für dieselben geltende Hausordnung einzureichen, sowie die Namen der Leiter und Lehrer, welche Deutsche sein müssen, mitzutheilen.

I. Die Tragweite des Artikels 4. Begriff der Prediger- und Priesterseminare (Verhältniß zu Artikel 3).

Artikel 4 handelt von den Prediger- und Priester-Seminaren, d. h. denjenigen Anstalten, welche der praktischen Vorbereitung der Kandidaten auf das geistliche Amt, nachdem sie ihre wissenschaftlichen Studien zurückgelegt haben, und der Erweiterung und Vertiefung der theologischen Kenntnisse derselben dienen. In der evangelischen Kirche ist für diese der Ausdruck: Prediger-Seminare, in der katholischen die Bezeichnung: Priester-Seminare üblich. Es ist nicht ausgeschlossen, daß diese Anstalten zugleich Konvikte sind, also die betreffenden Kandidaten zu gemeinschaftlichem Leben vereinigen. Daß indessen solche Seminare, wenn sie gleich Konvikte bilden, nicht den Vorschriften des Artikels 3, sondern lediglich denen des Artikels 4 unterstehen, ergiebt abgesehen von ihrer Nichterwähnung im Artikel 3 auch der Umstand, daß Abs. 2 des Artikels 4 der Hausordnung derselben gedenkt und von einer solchen nur bei Konvikten im eigentlichen Sinne die Rede sein kann.

II. Unterscheidung zwischen wieder eröffneten und anderen Priester- (Prediger-) Seminaren.

Seinem Wortlaut nach giebt Abs. 1 den kirchlichen Oberen die Befugniß, derartige Anstalten wieder zu eröffnen. Davon, daß irgendwelche Prediger-Seminare der evangelischen Kirche, welche 1873 bestanden haben, (vgl. P. Hinschius, Kirchengesetze v. 1873 S. 119) geschlossen worden sind, ist nichts bekannt geworden, und es ist dies auch nach Lage der Verhältnisse völlig ausgeschlossen.

In Betreff der katholischen Kirche scheint dies der Fall gewesen zu sein. In der Kommission des Herrenhauses ist wenigstens zur Motivirung des dem Artikel 3 zu Grunde liegenden Antrages bemerkt werden: „es erscheine zweckmäßiger, diejenigen Bestimmungen, welche bei Wiedereröffnung dieser Seminare zu beobachten seien, ausdrücklich anzuführen, als auf das nicht ganz durchsichtige Gebiet der bestehenden „allgemeinen Bestimmungen" zu verweisen. Es sei den Bischöfen nicht möglich, sich zu entschließen, die Seminare wieder zu eröffnen, wenn sie nicht bestimmt wüßten, was hierbei zu beobachten sei", wenngleich freilich weder in der Kommission noch auch sonst in den Verhandlungen der Häuser des Landtages spezielle Fälle von Schließungen derartiger Anstalten erwähnt worden sind.

Diese Begründung in Verbindung mit dem Wortlaut des Abs. 1 führt zu der Annahme, daß den kirchlichen Oberen (s. o. S. 15) blos die Wiedereröffnung derjenigen Seminare, welche bei dem Erlaß des Gesetzes vom 11. Mai 1873 bestanden haben, gestattet wird, also Art. 4 nicht das Recht zur Neubegründung anderer Priester-Seminare, und von Prediger-Seminaren in der evangelischen Kirche berührt.

Ein Verbot der Neuerrichtung solcher Anstalten hatte das Gesetz vom 11. Mai 1873 nicht aufgestellt; vielmehr bestimmt es im §. 9, daß behufs Ausübung der Aufsicht des Staates die Hausordnung und das Reglement über die Disziplin dem Oberpräsidenten einzureichen ist, und diese Anstalten der Revision durch Kommissarien des Oberpräsidenten unterliegen, ferner §. 10, 11, daß zur Anstellung an ihnen als Leiter und Lehrer die für die Geistlichen vorgeschriebene Vorbildung erforderlich ist, und daß die anzustellenden Personen dem Einspruchsrecht des Staates unterworfen sind. Ebensowenig hatte der Artikel 3 der jetzigen Regierungsvorlage:

> „Die Aufsicht des Staats über die zur theologisch-praktischen Vorbildung bestimmten Anstalten (Prediger- und Priesterseminare) regelt sich fortan nach den allgemeinen gesetzlichen Bestimmungen über die staatliche Aufsicht in Betreff der Unterrichts- und Erziehungsanstalten. Die entgegenstehenden Vorschriften in den §§. 9 bis 13 des Gesetzes vom 11. Mai 1873 werden aufgehoben,"

allein die Wiedereröffnung der geschlossenen Seminare im Auge, wollte vielmehr die staatliche Aufsicht über alle derartigen Seminare beschränken.

Diese Absicht ist in der jetzigen Fassung des Artikels 4 nicht zum Ausdruck gebracht und bei seiner klaren, sich lediglich auf die Wiedereröffnung beziehenden Bestimmung kann man eine solche auch nicht in den Artikel hineininterpretiren, umsoweniger, als der Abs. 2 auch von „diesen", d. h. den im Abs. 1 erwähnten Anstalten spricht, und weiter der Artikel 5 blos von den in Artikel 2, 3 und 4 bezeichneten Anstalten handelt.

Der Artikel 4 betrifft demnach blos die wieder eröffneten Seminare, im übrigen ist es daher bei dem früheren Recht verblieben, was sowohl von Rintelen S. 13, wie auch von Günther S. 15 übersehen worden ist. Ein Verbot, neue Prediger- und Priester-Seminare zu errichten, enthält dieses nicht, aber für solche neu eröffnete Seminare gelten noch immer die vorhin gedachten Vorschriften der §§. 9. 10. 11 des Gesetzes vom 11. Mai 1873, und dies könnte praktisch werden, wenn die von einzelnen Seiten in der evangelischen Kirche beabsichtigten Bestrebungen auf Errichtung rein kirchlich geleiteter Seminare (s. Protestantische Kirchenzeitung 1886 S. 472) wirklich Erfolg haben sollten.

In Berücksichtigung des Abs. 2 des Artikels 4 folgt daraus, was die näheren rechtlichen Verhältnisse der Seminarien betrifft, daß zwar beide Arten, die wieder eröffneten und die neu begründeten sich darin gleichstehen, daß an ihnen nur Deutsche als Lehrer und Leiter angestellt werden dürfen, daß aber andererseits folgende Unterschiede zwischen ihnen obwalten:

a) an den wieder eröffneten bedürfen die Leiter und Lehrer keiner besonderen, staatlich vorgeschriebenen Qualifikation, an den neuen derselben Vorbildung, wie die Geistlichen für die Anstellung in einem geistlichen Amte,
b) für die Anstellung der Lehrer an den ersteren ist das Einspruchsrecht entfallen, nicht aber für die an den letzteren,
c) es sind dem Minister der geistlichen Angelegenheiten die Statuten und die Hausordnungen der wieder eröffneten Anstalten einzureichen, dagegen dem Oberpräsidenten die Hausordnungen und Reglements über die Disziplin für die neu errichteten,
d) die wieder eröffneten unterliegen nicht der Revision durch Kommissare des Oberpräsidenten, wohl aber die neu begründeten.

Ebenso wenig, wie dieses verwunderliche Resultat durch die Regierung beabsichtigt war — das ergiebt der Art. 3 der Regierungsvorlage (s. o. S. 20) — hat es offenbar die Herrenhaus-Kommission gewollt, da alle ihre Beschlüsse von der Tendenz beherrscht gewesen sind, die bisherigen Staatshoheitsrechte zu beschränken. Bei der Eile, mit welcher das Gesetz berathen worden ist, erscheint es allerdings erklärlich, daß man keine Zeit gehabt, sich die Tragweite der einzelnen Verbesserungsanträge gehörig zu vergegenwärtigen. Trotz der zweifellos nicht beabsichtigten theilweisen Aufrechterhaltung der §§. 9. 10. 11 des Gesetzes vom 11. Mai 1873 wird man aber in dem gedachten Umfange an deren Fortgeltung festhalten müssen, falls man es nicht eben für zulässig erachtet, einen nicht zum Ausdruck gebrachten Willen des Gesetzgebers für Gesetz zu erklären.

Im Uebrigen vgl. auch noch die Erörterungen zum folgenden Artikel.

Artikel 5.

Die in den §§. 9 bis 14 des Gesetzes vom 11. Mai 1873 enthaltenen besonderen Vorschriften wegen der Staatsaufsicht über die in den Artikeln 2, 3 und 4 bezeichneten Anstalten werden aufgehoben.

I. Tragweite des Artikels 5.

Der Artikel 5 hebt seinem Wortlaut nach in Betreff der in den Art. 2. 3 und 4 bezeichneten Anstalten, d. h. also

1. bezüglich der zur wissenschaftlichen Vorbildung der Geistlichen dienenden (Klerikal-) Seminare, welche bis 1873 bestanden haben (mit Ausnahme derjenigen in den Diözesen Gnesen-Posen und Kulm, s. o. S. 9. 13),
2. der kirchlichen Konvikte für die Zöglinge, welche Gymnasien, Universitäten und den theologischen Fakultäten der letzteren gleichgestellte (Klerikal-) Seminare besuchen, (s. o. S. 15);
3. der wieder eröffneten Prediger- und Priesterseminare, (s. o. S. 20),

die besonderen Vorschriften über die Staatsaufsicht auf, wie sie in den §§. 9—14 des Gesetzes vom 11. Mai 1873 gegeben waren. Es ist also

der Grundsatz, daß sie der allgemeinen Staatsaufsicht unterliegen, nicht beseitigt,

wie dies auch in der Herrenhaus-Kommission, von welcher die Fassung dieses Artikels herrührt, ausdrücklich anerkannt ist, (vgl. S. 12): „In zweiter Lesung wurde beantragt, auch bezüglich dieses Artikels eine Fassung zu wählen, aus der sich ergebe, daß nur die besonderen Bestimmungen über die Staatsaufsicht aufgehoben worden seien, da auch in diesen Seminaren nicht nur praktische Uebungen vorgenommen würden, sondern auch unterrichtet werde, und die allgemeine Staatsaufsicht doch bezüglich jeder im Staate befindlichen Erziehungs- und Unterrichts-Anstalt bestehe, und hierüber kein Zweifel belassen werden werden dürfe. Es wurde diese Auffassung als begründet anerkannt." Daraus folgt, daß §. 9 Abs. 1 des Gesetzes vom 11. Mai 1873:

> „Alle kirchlichen Anstalten, welche der Vorbildung der Geistlichen dienen (Knabenseminare, Klerikalseminare, Prediger- und Priesterseminare, Konvikte ꝛc.), stehen unter Aufsicht des Staats."

nicht aufgehoben worden ist, denn er spricht nur das Prinzip aus, welches im Artikel durch die bloße Beseitigung der besonderen Bestimmungen über die Staatsaufsicht aufrecht erhalten worden ist. (Vgl. auch Rintelen a. a. O. S. 13 und Günther S. 17.)

II. Die Staatsaufsicht.

Es erscheint zweckmäßiger zunächst, ehe auf die Erörterung darüber, welche Befugnisse in der festgehaltenen allgemeinen Staatsaufsicht liegen, eingegangen wird, festzustellen, welche besonderen Befugnisse durch Artikel 5 haben beseitigt werden sollen.

1. Die besonderen Bestimmungen über die Staatsaufsicht. §. 9 Abs. 2 des Gesetzes vom 11. Mai 1873 verlangt behufs Ermöglichung der Ausübung der Staatsaufsicht die Einreichung der Hausordnungen, Disziplinar-Reglements und zum Theil auch der Lehrpläne an die Oberpräsidenten. Es sind dies besondere Bestimmungen über die Staatsaufsicht, aber es war kaum nöthig, diese noch in Artikel 5 zu beseitigen, da sie schon durch die in dem Artikel 2. 3 und 4 gegebenen, zum Theil abweichenden Vorschriften (s. o. S. 10 ff. 18. 21) aufgehoben worden waren.

Praktische Bedeutung hat Artikel 5 somit nur gegenüber dem Abs. 3 des §. 9, welcher die gedachten Anstalten der Revision durch Kommissarien des Oberpräsidenten unterwirft. Diese Vorschrift ist, weil sie sich als eine besondere Bestimmung über die Ausübung der Staatsaufsicht darstellt (abgesehen von den neu errichteten Priester- und Prediger-Seminaren, s. o. S. 21), entfallen (vgl. aber wegen des Ministers der geistlichen Angelegenheiten noch unten S. 25).

Die §§. 10 bis 12 des Gesetzes vom 11. Mai 1873 regeln die Qualifikation der Lehrer und Erzieher in den gedachten Anstalten und das staatliche Einspruchsrecht bei der Anstellung derselben. Auch diese sind, soweit es sich um die o. S. 9. 15. 21 genannten Anstalten handelt, schon durch die besonderen desfallsigen Vorschriften der Art. 2. 3 und 4 beseitigt.

Die schließlich noch in Artikel 5 in Bezug genommenen §§ des früheren Gesetzes nämlich:

> §. 13. „Werden die in den §§. 9—11. enthaltenen Vorschriften oder die getroffenen Anordnungen der Staatsbehörden nicht befolgt, so ist der Minister der geistlichen Angelegenheiten ermächtigt, bis zur Befolgung die der Anstalt gewidmeten Staatsmittel einzubehalten oder die Anstalt zu schließen.
>
> Unter der angegebenen Voraussetzung und bis zu dem bezeichneten Zeitpunkte können Zöglinge der Knabenseminare und Knabenkonvikte von dem Besuche der Gymnasien und von der Entlassungsprüfung ausgeschlossen und den im §. 6. erwähnten Anstalten die ertheilte Anerkennung entzogen werden. Diese Anordnungen stehen dem Minister der geistlichen Angelegenheiten zu.
>
> Nach Errichtung eines Königlichen Gerichtshofes für die kirchlichen Angelegenheiten kann über die Gesetzmäßigkeit der nach diesem Paragraphen getroffenen Anordnungen und Verfügungen innerhalb 30 Tagen bei dem gedachten Gerichtshofe Berufung eingelegt werden. Durch Einlegung derselben wird die Vollstreckung der angefochtenen Anordnung oder Verfügung nicht aufgehalten. Der Gerichtshof kann jedoch bestimmen, daß bis zur endgültigen Entscheidung die Vollstreckung unterbleibe."
>
> §. 14. „Knabenseminare und Knabenkonvikte (§. 9.) dürfen nicht mehr errichtet und in die bestehenden Anstalten dieser Art neue Zöglinge nicht mehr aufgenommen werden.
>
> Im Falle der Aufnahme neuer Zöglinge ist der Minister der geistlichen Angelegenheiten zur Schließung der betreffenden Anstalt befugt."

gewährten dem Kultusminister zur Durchführung der getroffenen Bestimmungen das Recht:

a) die den Anstalten gewidmeten Staatsmittel, d. h. die pekuniären Subventionen, sowie die zur Verfügung gestellten Gebäude und Lehrmittel einzubehalten, bezw. dem bisherigen Gebrauche vorläufig zu entziehen oder

b) auch die Anstalt sowohl provisorisch, wie definitiv zu schließen,

c) in betreff der Knaben-Seminare und Knaben-Konvikte auch gleichzeitig mit der zu a erwähnten Maßregel die Zöglinge derselben während der Dauer der Einbehaltung der Staatsmittel von dem gleichzeitigen Besuche der Gymnasien, als auch von der Zulassung (als sog. Extranei) zur Abiturienten-Prüfung auszuschließen,

d) im Falle der Aufnahme neuer Zöglinge die betreffende Anstalt sofort aufzuheben, und

e) bei den als zum Ersatz des theologischen Studiums geeignet anerkannten Klerikal-Seminaren diese Anerkennung zurückzuziehen.

Da es sich hier um besondere Bestimmungen über die Aufsicht, namentlich um ihre Durchführung handelt, so ist der Minister der geistlichen Angelegenheiten nicht mehr befugt, auf Grund des Gesetzes vom 11. Mai 1873 diese Maßregeln zu verhängen — ob auf Grund anderer gesetzlicher Vorschriften darüber nachher —, aber diese Befugniß ist ihm allein genommen in Betreff der Klerikal-Seminare, der Konvikte für Gymnasiasten und Studirende der Theologie und der wieder eröffneten Priester- und Prediger-Seminare. Er besitzt das Recht zur Anwendung dieser Zwangsmittel, weil sich Art. 3. 4. 5 nicht auf solche Anstalten beziehen, in Betreff der Knaben-Seminare im eigentlichen Sinne (s. o. S. 17) und anderer als der wieder eröffneten Prediger- oder Priester-Seminare (s. o. S. 20. 21). Da indessen für die ersteren keine Staatsmittel gewährt werden dürfen, für die letzteren wohl kaum bewilligt werden möchten, so bleibt allerdings praktisch als Zwangsmaßregel blos die Schließung dieser Anstalten übrig.

2. Die Rechte der allgemeinen Staatsaufsicht. Welches sind nun aber die sich aus der allgemeinen Staatsaufsicht für die staatlichen Behörden ergebenden Rechte hinsichtlich der eben erwähnten, von dem neuen Gesetze betroffenen Anstalten und welche Behörden haben dieselben auszuüben?

Die Regierungsvorlage enthält darüber zu ihrem Artikel 2 allein die Bemerkung, daß die Konvikte „keiner anderen staatlichen Aufsicht unterworfen sein sollen, als sie für derartige Erziehungsanstalten überhaupt in dem gemeinen Recht des Landes begründet ist“, im übrigen ist eine nähere Klarstellung weder in der Herrenhaus-Kommission noch in den beiden Häusern des Landtages erfolgt.

Die Verfassungsurkunde vom 31. Januar 1850 bestimmt zwar Art. 23:

> „Alle öffentlichen und Privat-Unterrichts- und Erziehungsanstalten stehen unter der Aufsicht vom Staate ernannter Behörden“,

und ebenso hat das Gesetz, betr. die Beaufsichtigung des Unterrichtswesens v. 11. März 1872 (GS. S. 183) §. 1 angeordnet:

> „Unter Aufhebung aller in einzelnen Landestheilen entgegenstehenden Bestimmungen steht die Aufsicht über alle öffentlichen und Privat-Unterrichts- und Erziehungs-Anstalten dem Staate zu“.

Aber es fehlt an jeder näheren gesetzlichen Ausführung und Durchbildung dieser Bestimmungen. Gerade mit Rücksicht darauf hatte das Gesetz v. 11. Mai 1873 in den §§. 9—14 seine besonderen Bestimmungen getroffen, und selbst das vorliegende Gesetz weist einzelne derartige Vorschriften auf.

Diese letzteren zeigen nun deutlich, daß die Anwendung der Bestimmungen des gemeinen Rechts auf die hier fraglichen (s. o. S. 22) Anstalten in einer Reihe von Punkten nicht möglich ist.

a) Die zuständigen staatlichen Aufsichtsbehörden. Was zunächst die Aufsichtsbehörden betrifft, so steht nach dem im Allgemeinen nicht beseitigten §. 18 der Geschäftsinstruktion für die Regierungen vom 20. Oktober 1817 (GS. S. 440) den Regierungen (vgl. übrigens auch §§. 18. 22. 25 des Gesetzes über die allgemeine Landesverwaltung v. 30. Juli 1883, GS. S. 195, u. v. Stengel, Organisation der preußischen Verwaltung Leipzig, 1884 S. 82) die Aufsicht über alle öffentlichen und Privat-Erziehungs-Anstalten zu. An sich wird man zu den letzteren auch die Alumnate für Zöglinge der Gymnasien rechnen müssen, aber Artikel 3 des vorliegenden Gesetzes weist, soweit er spezielle Vorschriften über die Aufsicht enthält, die letztere dem Minister der geistlichen Angelegenheiten zu. Soll der Minister diese blos allein ausüben, und haben daneben die Regierungen alle etwaigen sonst aus dem gemeinen Rechte herrührenden Rechte der Aufsicht zu handhaben? Oder etwa der im §. 9 des Gesetzes vom 11. Mai 1873 genannte Oberpräsident, da durch diesen § in Betreff der erwähnten geistlichen Erziehungsanstalten die Zuständigkeit der Regierungen ausgeschlossen worden war? Oder enthält endlich der Art. 3 das Princip, daß dem Minister der geistlichen Angelegenheiten ausschließlich die Aufsicht zukommt? Man ist wohl berechtigt das letztere anzunehmen, denn die Kommission des Herrenhauses, welche dem Kultusminister im Gegensatz zu der Regierungsvorlage die Stellung als Aufsichtsbehörde, wenngleich nur für die erwähnten speziellen Rechte beigelegt hat, kann dabei nur von der Auffassung ausgegangen sein, daß es zweckmäßig erschien, die Aufsicht über die gedachten Anstalten in die Hände der Central-Instanz zu legen. Dazu kommt, daß den Gymnasial-Konvikten die Konvikte für Studirende der Universitäten und der zum Ersatz derselben zugelassenen Seminare gleichstellt sind, die Universitäten aber der Aufsicht des Ministers der geistlichen Angelegenheiten unterstehen, dies also auch für die Universitäts-Konvikte gelten muß, und daß schließlich die im Art. 4 genannten Prediger- und Priester-Seminare sich mit Rücksicht auf die in den Ressortbestimmungen getroffene Vertheilung der Aufsicht zwischen den Regierungen, den Provinzial-Schulkollegien und dem Minister der geistlichen Angelegenheiten, weil sie weder reine Erziehungs-Anstalten noch Gymnasien sind, nur der allgemeinen Aufsicht des letzteren unterordnen lassen.

So dürfte sich als die haltbarste Ansicht ergeben, daß soweit noch neben den besonderen Vorschriften der Artikel 2. 3. und 4 andere aus der allgemeinen Staatsaufsicht herzuleitende Befugnisse geübt werden können, die Handhabung derselben dem Minister der geistlichen Angelegenheiten zukommt.

b) Materieller Inhalt der allgemeinen Staatsaufsicht. Welche materiellen Aufsichtsrechte stehen nach gemeinem Recht der Aufsichtsbehörde, also nach den vorstehenden Ausführungen, dem Minister der geistlichen Angelegenheiten zu?

Für die Beantwortung dieser Frage dürfte zunächst die Kabinets-Ordre v. 10. Juni 1834, betr. die Aufsicht des Staats über Privatanstalten, welche sich mit dem Unterricht und der Erziehung beschäftigen (GS. S. 135), sowie die zur Ausführung dieser Vorschrift ergangene Instruktion des Staatsministeriums und vom 31. Dezember 1839 (u. a. abgedruckt in Koch, Kommentar zum Allg. Preuß. Landrecht 8. Aufl. Bd. IV.

S. 695) außer Betracht zu lassen sein, denn die unter bischöflicher Autorität errichteten Gymnasial- und Studenten-Konvikte, sowie die Prediger- und Priesterseminare können als Anstalten der privilegirten christlichen Kirche, welche ihrerseits selbst Anstalten des öffentlichen Rechtes sind, unmöglich als Privat-Erziehungs-Institute betrachtet werden, ganz abgesehen davon, daß sich die gedachten Vorschriften überhaupt nur auf Zöglinge, welche zur schulpflichtigen Jugend gehören, beziehen, und die Voraussetzungen für die Errichtung und die Qualifikationen der Lehrer und Hilfslehrer anders normirt werden, als dies in den Artikeln 2 bis 4 geschieht.

Begrifflich ergiebt sich zunächst aus dem allgemeinen staatlichen Aufsichtsrecht die Befugniß, Kenntniß von den Einrichtungen der Erziehungs- und Unterrichts-Anstalten zu nehmen. Soweit dies durch Einforderung der für die hier fraglichen Anstalten geltenden Lehrpläne, Statuten und Hausordnungen, sowie der Ausweise über das leitende und lehrende Personal geschehen kann, haben aber Art. 2. 3 und 4 nähere Festsetzungen getroffen. Für weitergehende Forderungen in dieser Richtung bleibt, da die betreffenden Artikel die Tendenz haben, die Vorschriften des Gesetzes v. 11. Mai 1873 abzuschwächen, ja die besonderen weiteren hierher gehörenden Festsetzungen im Artikel 5 aufgehoben worden sind (s. o. S. 21 ff.), allerdings kein Raum mehr.

Das allgemeine Aufsichtsrecht enthält aber auch die Befugniß der Aufsichtsbehörde, die betreffenden Anstalten *einer Visitation zu unterziehen*, und diese erkennt das ALR. II. 12 §. 9: „Alle öffentlichen Schulen und Erziehungs-Anstalten stehen unter der Aufsicht des Staates und müssen sich den Prüfungen und Visitationeu desselben zu allen Zeiten unterwerfen", ausdrücklich an.

Soll es keine inhaltslose Behauptung bleiben, daß die erwähnten Anstalten der allgemeinen gesetzlichen Aufsicht unterworfen seien, so wird man diese Befugniß als in Kraft stehend betrachten müssen. Das Gesetz erwähnt allerdings derselben in den Artikeln 2. 3 und 4 nicht, aber sie ist ein Ausfluß der oben S. 24 gedachten allgemeinen gesetzlichen Bestimmungen und des §. 9 Abs. 1 des Gesetzes vom 11. Mai 1873 (s. oben S. 22), welcher, wie daselbst bemerkt, nicht aufgehoben worden ist. Allerdings hat der Art. 5 das Recht der *Oberpräsidenten* zur Revision der fraglichen Anstalten beseitigt (s. o. S. 23), aber darum ist die Befugniß der jetzt allgemein eintretenden Aufsichtsbehörde, des Ministers der geistlichen Angelegenheiten, weil diese aus dem allgemeinen Aufsichtsrecht herfließt, nicht für ausgeschlossen zu erachten. Denn, will man dies verneinen, so beschränkt man die Staatsaufsicht lediglich auf die in den Artikeln 2. 3 und 5 gedachten Punkte und schließt sie im Uebrigen vollständig aus. Es muß also als noch jetzt geltendes Recht betrachtet werden,

> *daß der Minister der geistlichen Angelegenheiten berechtigt ist, jeder Zeit die erwähnten Anstalten durch von ihm ernannte Kommissarien visitiren zu lassen.*

c) *Die Mittel zur Durchführung der Staatsaufsicht.* Endlich bleibt noch die Erörterung darüber übrig,

> *welche Mittel dem gedachten Ressortchef zustehen, um die Erfüllung der in den Artikeln 2. 3 und 4 enthaltenen*

Vorschriften und die Zulassung der Visitation nöthigenfalls zu erzwingen?

In Betreff der im Art. 2 aufgestellten Bestimmungen ist die Antwort durch diesen selbst gegeben, da er von der Beobachtung derselben nicht nur die Wiedereröffnung der s. g. Klerikal-Seminare, sondern auch die Fortführung abhängig macht. Jede Weigerung, die Statuten oder den Lehrplan einzureichen, die Namen der Leiter und Lehrer anzuzeigen, nachzuweisen, daß diese die deutsche Reichsangehörigkeit besitzen, den Lehrplan dem der Universitäten gleich zu gestalten, ferner die Anstellung von Leitern und Lehrern ohne die vorgeschriebene wissenschaftliche Befähigung und die Aufnahme von nicht zum Sprengel gehörigen Studirenden ohne ministerielle Dispensation berechtigt den Kultusminister nicht nur die betreffende Anstalt zu schließen, sondern, da der Artikel 2 dies Alles als Bedingung der Fortführung aufstellt, verpflichtet ihn sogar dies zu thun. Falls etwa Staatsmittel für diese Anstalten bewilligt sind, hat der Minister ferner diese zurückzuhalten, weil die Klerikal-Seminare, bei welchen die vorgeschriebenen Bedingungen nicht erfüllt werden, gesetzwidrig existirende Anstalten sind, und für gesetzwidrige Zwecke Staatsmittel nicht zur Verfügung gestellt werden dürfen.

Der Artikel 2 ist also härter und rigoroser als der §. 13 des Gesetzes vom 11. Mai 1873, denn dieser hat den Minister nur ermächtigt zur Durchführung der Aufsichtsbestimmungen die Staatsmittel zurückzuhalten oder die Anstalten zu schließen, und es ist kaum anzunehmen, daß die Herrenhauskommission dieses Resultat beabsichtigt hat. Aber in den Worten: „Zur Fortführung dieser Anstalten sind“ enthält das letzte Wort, ebenso wie es in Bezug auf die Wiedereröffnung der Fall ist (s. o. S. 11), eine kategorische Bestimmung, welche namentlich im Gegensatz zu dem: „ist ermächtigt“ im cit. §. 13 keine andere Auslegung gestattet, und es ist offenbar auch hier die übereilte Durchbringung der Vorlage durch die Häuser des Landtags gewesen, welche zu dieser nicht gewollten Verschärfung geführt hat.

Auch in Bezug auf eine etwaige Schließung der Klerikal-Seminare taucht hier die frühere Frage wieder auf, (vgl. P. Hinschius Kirchengesetze 1873 S. 123 ff.), ob diese als eine definitive oder eine blos provisorische zu betrachten ist, ob also ein wegen Nichtbeachtung der Vorschriften des Art. 3 geschlossenes Klerikal-Seminar vom Bischof von Neuem eröffnet werden kann, sowie er den letzteren nachgekommen ist. Da der Art. 3 seine Erfordernisse ganz allgemein als Bedingungen der Fortführung hinstellt, so wird das letztere anzunehmen sein. Wie der Minister die Wiedereröffnung unter den erwähnten Voraussetzungen zu gestatten verpflichtet ist, so auch in jedem Fall die Fortführung, und damit verträgt sich nur ein Recht der provisorischen, nicht der definitiven Schließung.

Wenn ein Klerikal-Seminar provisorisch geschlossen wird, bedarf es keiner besonderen Entziehung des Rechtes, daß an ihm das Universitätsstudium abgelegt werden kann, ebensowenig einer besonderen Wiederbeilegung desselben, falls es wieder eröffnet, also von neuem fortgeführt wird. Dies versteht sich gesetzlich von selbst, wohl aber hat der Minister, wegen der Bestimmung in Abs. 5 Art. 2, in dem einen oder anderen Falle eine Bekanntmachung darüber zu erlassen, daß das Seminar die

Berechtigung nicht mehr besitzt oder ihm dieselbe wieder beigelegt worden ist.

Endlich ist es aus den eben erwähnten Gründen auch (vgl. ferner o. S. 11) ausgeschlossen, daß beim Zuwiderhandeln gegen Art. 2 der Minister dem Klerikal-Seminar blos die gedachte Befugniß entzieht, um die Erfüllung der gesetzlichen Bedingungen zu erzwingen, aber im Uebrigen seine Fortführung durch die kirchlichen Oberen duldet.

Hinsichtlich der im Art. 3 gedachten Konvikte und der im Art. 4 erwähnten Prediger- und Priester-Seminare verhält es sich anders. Hier ist die Beobachtung der besonderen Aufsichtsbestimmungen nicht zur Bedingung der Errichtung, der Wiedereröffnung oder der Fortführung gemacht. Eine rechtliche Pflicht des Ministers der geistlichen Angelegenheiten, sie in diesen Fällen sofort zu schließen, besteht nicht. Aber andererseits kann ihm das Zwangsmittel der provisorischen Schließung nicht abgesprochen werden. Dies folgt aus dem Recht der Staatsaufsicht, welche den Zweck hat, das Bestehen gesetzwidriger Erziehungs-Anstalten zu verhindern, und also nothwendiger Weise die Befugniß begreifen muß, Anstalten auf so lange zu suspendiren, bis ihre Leiter die gesetzlichen Vorschriften befolgen.

Aus demselben Grunde ergiebt sich endlich, daß wenn die geistlichen Oberen sich der aus der allgemeinen Staatsaufsicht herfließenden Visitation durch Kommissarien widersetzen, eine Schließung der eben erwähnten, wie auch der im Artikel 2 gedachten Anstalten erfolgen kann.

Weiter versteht es sich von selbst, daß in allen diesen Fällen die etwa gewährten Staatsmittel einbehalten werden müssen, weil der Staat solche nur für die seinen Gesetzen entsprechenden Einrichtungen zu gewähren verpflichtet ist.

Endlich mag noch darauf hingewiesen werden, daß wegen der eben gedachten Maßregeln civilrechtliche, namentlich Besitzstörungsklagen unstatthaft sind, da es sich bei diesen um Ausübung des staatlichen Hoheitsrechtes in Betreff der Kirche und der Schulverwaltung handelt, [vgl. ALR. II. 13 §. 13, Verordn. v. 26. Dezember 1808 wegen verbesserter Einrichtungen der Provinzial-Behörden §§. 36 ff. (GS. 1806 – 10 S. 464), Kabinets-Ordre v. 4. Dezember 1831 und Bericht des Staatsministeriums v. 16. November 1831 (GS. S. 255. 256) und für die neuen Provinzen Verord., betr. die Zulässigkeit des Rechtsweges rc. v. 16. November 1867 §. 1 (GS. S. 1515), s. ferner die mit Rücksicht auf §. 13 des Gesetzes v. 11. Mai 1873 ergangenen Entscheidungen des Gerichtshofes zur Entscheidung der Kompetenzkonflikte vom 10. April und vom 10. Oktober 1874 (Just.Min.Bl. 1874 S. 156. 342)].

Artikel 6.

Der §. 1 im Gesetz vom 12. Mai 1873 (Gesetz-Samml. S. 198) wird aufgehoben.

Kirchendiener im Sinne des Gesetzes vom 12. Mai 1873 sind nur solche Personen, welche die mit einem geistlichen oder jurisdiktionellen Amt verbundenen Rechte und Verrichtungen ausüben.

I. Begriff des Kirchendieners (Art. 6 Abs. 2).

1. Das frühere Recht. Von den beiden Absätzen dieses Artikels hat der zweite die weittragendste Bedeutung für das Gesetz vom 12. Mai 1873 in allen seinen Bestimmungen.

Er schränkt die Anwendbarkeit desselben in erheblichem Umfange ein. Die Motive bemerken darüber S. 3:

„Die Regierungsvorlage zum Gesetz vom 12. Mai 1873 hatte von einer näheren Bezeichnung derjenigen Personen, gegen welche die kirchliche Disziplinargewalt sich bethätigt, nicht ohne Grund abgesehen. Gedacht war aber lediglich an den Schutz von solchen Personen, welche eine seelsorgerliche oder regimentliche Stellung einnehmen.

Erst gelegentlich der Landtagsverhandlungen ist der Begriff Disziplinargewalt durch den Zusatz: „über Kirchendiener" näher bestimmt worden, ohne daß dabei Anhaltspunkte für die Auslegung gegeben wurden.

In Folge dessen hat die Rechtsprechung den Ausdruck „Kirchendiener" auf alle Personen bezogen, welche kirchliche Verrichtungen ausüben, sofern sie der Disziplin eines geistlichen Oberen unterliegen. Demgemäß wird das Gesetz gegenwärtig auch auf die Küster, ja sogar auf die in einem bloßen Vertragsverhältniß stehenden kirchlichen Funktionäre angewendet.

Soll die ungerechtfertigte Erweiterung des Begriffs beseitigt werden, so bedarf es einer Deklaration des Wortes „Kirchendiener" im Sinne der ursprünglichen Regierungsvorlage, d. h. einer Beschränkung des Gesetzes einerseits

a) auf die Inhaber eines geistlichen Amts im Sinne des Gesetzes vom 11. Mai 1873 §. 1 ff.,

andererseits

b) auf die Inhaber eines jurisdiktionellen, also mit kirchlicher Leitungsgewalt betrauten Amts.

Für andere Kirchendiener besteht kein praktisches Bedürfniß zur Gewährung eines besonderen Schutzes. Ihre Stellungen sind theils ohne öffentlich-rechtliche Bedeutung, theils anderweit, insbesondere civilrechtlich gegen Beeinträchtigung gesichert."

In der That wies die Regierungsvorlage des Jahres 1873 das Wort: „Kirchendiener" nicht auf und demgemäß fielen nach ihrer Absicht allein diejenigen kirchlichen Beamten, welche einer kirchlichen Disziplinargewalt unterstanden, unter den §. 1 des Gesetzes. Aus dem Begriff der letzteren hätte also die Tragweite desselben bestimmt werden müssen (wobei es jetzt gleichgültig ist, ob die Auffassung der jetzigen Motive nicht zu eng erscheint). Dadurch, daß die Kommission des Abgeordnetenhauses die Worte: „über Kirchendiener" eingeschoben hat (P. Hinschius, Kirchengesetze v. 1873 S. 42), war die Nothwendigkeit bedingt worden, den personellen Geltungsbereich des §. 1 des Gesetzes nach Maßgabe des Begriffes „Kirchendiener" festzustellen. Es war dies, da etwaige Absichten des Gesetzgebers nicht Gesetz sind, sondern zunächst nur der Wortlaut desselben entscheidet, keineswegs, wie jetzt behauptet wird, eine an sich ungerechtfertigte Erweiterung des Begriffes. Es mußte demnach der §. 1

auf alle diejenigen, welche kirchliche Dienste leisteten — denn das bedeutet das Wort **Kirchendiener** — bezogen werden, zwar nicht auf Läuter, Bälgetreter, Thürhüter, bischöfliche Syndici, Dombaumeister, Mönche, Nonnen und Mitglieder der protestantischen Stifte, wohl aber auf alle Beamte der Kirche, welche entweder gottesdienstliche oder seelsorgerische Funktionen oder auch eine Leitungsgewalt ausüben, also auf Pfarrer (einschließlich der Missions- und Sukkursal-Pfarrer), Kooperatoren, Vikare, Kapläne, Dom- und andere Stiftsherren (Kollegiat-Kanoniker), Vikare der Kanoniker, Weihbischöfe, sodann Erzbischöfe, Bischöfe, bischöfliche General-Vikare, Kapitular-Vikare, Mitglieder der bischöflichen Ordinariate, Konsistorien oder General-Vikare, bischöfliche Kommissarien, Erzpriester oder Landdekane, ferner auf die Mitglieder der oberen kollegialischen Kirchenbehörden der evangelischen Kirche (also z. B. des Oberkirchenraths und der Konsistorien), auf General-Superintendenten, Superintendenten (Metropolitane, Dekane, Pröbste), endlich auf die Mitglieder der evangelischen Gemeinde-Organe, wie der Gemeindekirchenräthe, Presbyterien, Kirchenvorstände, Gemeinde-Vertretungen oder Gemeinde-Repräsentationen, (vgl. P. **Hinschius** a. a. O. S. 42 und preußisches Kirchenrecht S. 111 ff.), an welcher letzteren Stelle die diese Auffassung adoptirenden Erkenntnisse des Gerichtshofes für kirchliche Angelegenheiten mitgetheilt sind. Ja, es war auch berechtigt, Küster und Organisten, falls diese in ein öffentlich-rechtliches Dienstverhältniß zur Kirche getreten waren, darunter zu begreifen, wie dies seitens des gedachten Gerichtshofes gleichfalls geschehen ist, und es konnte die Praxis des letzteren in dieser Hinsicht (vgl. die Citate in P. **Hinschius**, preuß. Kirchenrecht S. 112 und **Dove** u. **Friedberg**, Zeitschr. für Kirchenrecht 20 S. 114), was von mir bereits a. a. O. geschehen, nur insoweit beanstandet werden, als das Gesetz von dem Gerichtshofe auch auf Personen, welche die gedachten Küsterdienste blos in Folge civilrechtlichen Vertragsverhältnisses und auf Kündigung geleistet haben, angewendet worden ist.

2. **Das jetzige Recht.** a) **Begriff des geistlichen Amtes.** Der Abs. 2, welcher diese Ausdehnung einzuschränken beabsichtigt, bezeichnet als Kirchendiener im Sinne des früheren Gesetzes

„Personen, welche die mit einem geistlichen oder jurisdiktionellen Amte verbundenen Rechte und Verrichtungen ausüben".

Was zunächst den Begriff „**geistliches Amt**" anlangt, so stellen die vorhin erwähnten Motive demselben den Begriff: **Seelsorge-Amt** gleich, da sie zunächst von Personen, welche „eine seelsorgerische Stellung einnehmen" sprechen. Trotz der jetzt erfolgten neuen gesetzgeberischen Regelung hat man es unterlassen, eine schon mit Bezug auf den §. 1 des Gesetzes vom 11. Mai 1873 entstandene Streitfrage über den Begriff des **geistlichen Amtes** zu entscheiden, obwohl diese nunmehr auch über das eben citirte Gesetz hinaus in Folge der engeren Bestimmung des Begriffes: **Kirchendiener** im Gesetz v. 12. Mai 1873 eine weitere Tragweite erlangt hat.

Die Motive zu dem erstgedachten Gesetze bemerken nämlich in Uebereinstimmung mit den Motiven des jetzigen Artikels 6 (s. P. **Hinschius**, Kirchengesetze v. 1873 S. 100 Anm. 1): „Der Gesetzentwurf hat nur das **geistliche** Amt zum Gegenstande, bezieht sich mithin nicht auf alle kirchlichen Aemter. Unter dem Ausdruck: „geistliches Amt" ist der Terminologie des Allg. Landrechts und dem neueren Sprachgebrauch entsprechend jedes Amt verstanden, dessen Inhaber die Seelsorge über einen bestimmten Kreis von Personen zusteht, ALR. II. 11 §§. 59 und 60; Richter's Lehrbuch des Kirchenrechts. 6. Aufl. §. 118 u. f."

Ebenso erklärt der Cirkular-Erlaß des Ministers der geistlichen Angelegenheiten vom 3. August 1874 (S. II. 2083), abgedruckt bei G. Herrfurth, preuß. u. deutsche Gesetzgebung vom Mai 1873 und 1874. 2. Aufl. Berlin 1875. S. 68:

„Weder die Stellen der Domdechanten noch die der Kanoniker an den Kathedral- und Kollegiatkapiteln sind als geistliche Aemter im Sinne des Gesetzes vom 11. Mai 1873 zu erachten.

Wie die Motive dieses Gesetzes unzweideutig ergeben, finden die Vorschriften desselben nur auf diejenigen Aemter Anwendung, mit welchen seelsorgerische Funktionen verknüpft sind. Als solche aber können die den Kapitelsmitgliedern im Chor obliegenden gottesdienstlichen Verrichtungen nicht angesehen werden, da sie außer jeder Beziehung zur Gemeinde stehen und sich als einen bloßen Gottesdienst mehrerer, durch die vita communis mit einander verbundenen Kleriker karakterisiren. Das Gleiche gilt auch von den zur Unterstützung der Kanoniker beim Chordienst angestellten Dom-Vikarien.

Im Uebrigen versteht es sich indeß, daß, sofern mit einzelnen der genannten Aemter noch besondere seelsorgerliche Funktionen verbunden sind, die Vorschriften des Gesetzes vom 11. Mai 1873 beobachtet werden müssen. Hierher gehört beispielsweise die Dompfarrei mit einem Kanonikat, sowie der Fall, wo den Dom-Vikarien zugleich die Aushülfe bei Verwaltung einer pfarrlichen cura animarum obliegt."

Ferner hat der Minister der geistlichen Angelegenheiten 1883 bei der Berathung des Gesetzes vom 11. Juli 1883 in der Kommission des Abgeordnetenhauses (Drucksachen 15. Legisl.-Per. I. Sess. 1882—1883. Nr. 277 S. 5) bemerkt:

„es sei deshalb der Begriff des geistlichen Amtes hier derselbe, wie in der ganzen Maigesetzgebung. Unter denselben fallen, wie in den Motiven ausgeführt, alle kirchlichen Aemter, mit welchen die Vornahme von heiligen, eine Ordination voraussetzenden Handlungen verbunden ist. Es gehören also dahin

1. die Pfarrämter, deren Träger in unmittelbarer Unterordnung unter dem geistlichen Oberen innerhalb eines festbestimmten Bezirks für die Verwaltung der Sakramente, für die Feier des Gottesdienstes und für Ausübung der kirchlichen Lehrgewalt berufen sind, (§. 18 Gesetz vom 11. Mai 1873),
2. die Seelsorgeämter ohne pfarramtliche Rechte (§. 19 l. c.).

Was die Domdechanten und Domkapitulare betreffe, so habe er, wie seine beiden Amtsvorgänger, dieselben als solche nicht zu den der Anzeigepflicht unterliegenden Geistlichen gerechnet, es sei denn, daß denselben innerhalb eines gegebenen Pflichtenkreises eine cura animarum über einen bestimmten Kreis von Personen zugewiesen sei, wie dies z. B. bei den Dompredigern zutreffe."

Dagegen ist meinerseits zuerst (Kirchengesetze v. 1873 S. 100) bereits darauf aufmerksam gemacht worden, daß weder das ALR. noch der Sprachgebrauch die völlige Identificirung von Seelsorger-Amt und geistlichem Amte rechtfertige. Nach dem ALR. II. 11 §. 59: „Diejenigen, welche bei einer christlichen Kirchengemeinde zum Unterricht in der Religion, zur Besorgung des Gottesdienstes, und zur Verwaltung der Sacramente bestellt sind, werden Geistliche genannt"; genügt es zum Begriff des Geistlichen, daß er die eine oder andere Art der betreffenden Funktionen zu vollziehen hat (so auch das ehemalige Ober-Tribunal II. Straf-Sen. v. 6. April 1878, Oppenhoff, Rechtsprechung Bd. 17 S. 267). Geistliches Amt ist also schon ein solches, mit welchem die Befugniß zur Vornahme der Handlungen der einen oder anderen Kategorie verbunden ist, und es dürfte wohl die Behauptung, daß der §. 60 a. a. O.: „Niemand darf ohne Vorwissen und Genehmigung derjenigen, deren Einwilligung zur Wahl einer Lebensart erfordert wird, zu einem geistlichen Amte sich bestimmen", blos auf die Wahl des Berufes als Seelsorger beschränkt werden müsse, nirgends auf Zustimmung rechnen können.

Nicht minder unzutreffend ist die Berufung auf Richter, welcher a. a. O. sagt, daß unter den beneficia quae curam animarum habent annexam, diejenigen verstanden werden, mit denen entweder die äußere oder innere Jurisdiktion verbunden ist. „Nach dem neueren Sprachgebrauche sind aber nur diejenigen Aemter Curatämter (beneficia curata), deren Inhaber die Seelsorge im engeren oder eigentlichen Sinne über einen bestimmten Kreis von Personen obliegt. Den Gegensatz zu den Curat-Aemtern bilden die beneficia simplicia, deren Inhaber weder an der äußeren noch der inneren Cura oder sonst an der kirchlichen Verwaltung betheiligt sind". Vom geistlichen Amt wird an dieser Stelle gar nicht gesprochen, sondern nur der Begriff der Curatämter und der beneficia simplicia definirt.

Ganz abgesehen vom preußischen Landrecht und von Richter dürfte auch nach dem allgemeinen Sprachgebrauch unter geistlichem Amte jedes Amt verstanden werden müssen, mit welchem geistliche Funktionen irgend welcher Art, wie z. B. das Messelesen oder die Abhaltung des öffentlichen gemeinschaftlichen Chor-Gebetes, verbunden sind, und es ist demnach nicht einleuchtend, warum ein Domherr oder ein Kaplan, welcher ein festes Benefizium hat und nur Messe zu lesen verpflichtet ist, nicht als Träger eines geistlichen Amtes bezeichnet werden sollte.

Allen diesen Ausführungen gegenüber ist die Berufung auf die Motive des Gesetzes v. 11. Mai 1873 unerheblich. Denn die Motive sind nicht Gesetz, und das Gesetz spricht nicht vom Seelsorge-, sondern vom geistlichen Amt. Ja selbst die Motive zum Gesetze vom 11. Juni 1883 (citirte Drucksachen Nr. 259 S. 6) und der Minister der geistlichen Angelegenheiten (s. o. S. 31) haben bemerkt, daß alle kirchlichen Aemter, mit welchen die Vornahme von heiligen, eine Ordination voraussetzenden Handlungen verbunden ist, geistliche Aemter seien, und wenn dabei auch die Annahme untergelaufen sein sollte, daß alle derartige Aemter Seelsorge-Aemter seien, so ist dies eben nicht richtig. Die Celebration der Messe ist sicherlich eine heilige Handlung und es ist ferner unzweifelhaft, daß nur derjenige, welcher die Priesterweihe besitzt, befähigt ist, die Messe zu lesen (s. P. Hinschius, Kirchenrecht Bd. IV. S. 180). Daraus folgt, daß im Sinne der gedachten Erklärungen auch das Amt eines Primissars d. h. desjenigen, welcher kraft seines Benefiziums berechtigt und verpflichtet ist, bestimmte Frühmessen zu lesen (vgl. a. a. O. Bd. II. S. 322 N. 1) als geistliches Amt zu betrachten ist. Ja dasselbe muß auch von dem der Domherren gelten, denn diese haben ebenfalls die Pflicht, die Konventualmesse zu feiern, a. a. O. Bd. II. S. 141 und Bd. IV. S. 196. 201. 204.

Der von mir vertretenen Auffassung hat sich auch das frühere preußische Ober-Tribunal angeschlossen, indem es das Amt eines katholischen Kaplans, welcher ein festes Benefizium besitzt und nur die Verpflichtung hat, dem Pfarrer beim Gottesdienst Aushülfe zu leisten, für ein geistliches Amt erachtet hat, Erk. v. 14. Februar 1874 bei Hartmann, Zeitschrift für öffentliches Recht Bd. 1 S. 151 und v. 8. Oktober 1874, II. Straf.-Sen., bei Oppenhoff, Rechtsprechung Bd. 15. S. 654.

Will man trotz aller dieser Gegengründe auch jetzt noch an der gegentheiligen Ansicht festhalten, so kommt man zu dem befremdlichen Resultat, daß nicht nur Kapläne mit festen Meßbenefizien, sondern auch die Dompröbste, die Domdechanten, sämmtliche Kanoniker an Kathedral- und Kollegiatstiften, ja auch die Weihbischöfe obwohl sie zweifellos unter der kirchlichen Disziplinargerichtsbarkeit stehen, in Preußen nicht den Schutz des Gesetzes vom 12. Mai 1873 genießen, und die kirchlichen Oberen über sie die Disziplinargewalt ohne jede staatliche Schranke auszuüben berechtigt sind. Die Motive zu dem vorliegenden Gesetz bemerken allerdings: „Für andere Kirchendiener“ (als Personen mit seelsorgerischer Stellung) besteht kein praktisches Bedürfniß zur Gewährung eines besonderen Schutzes. Ihre Stellungen sind theils ohne öffentlich rechtliche Bedeutung, theils anderweit, insbesondere civilrechtlich, gegen Beeinträchtigung gesichert“, aber warum der Pfarrer des kleinsten Dorfes, nicht aber ein Domprobst oder Domdechant oder ein Kanoniker eines besonderen Schutzes bedarf, und warum die Stellung dieser letzteren öffentlich rechtlich (obwohl sie z. B. das Recht der Bischofswahl haben) ohne Bedeutung ist, das haben die Motive zu begründen unterlassen.

Der richtigen, allerdings den Motiven widerstreitenden Ansicht nach unterliegen also wegen der Vorschrift des Abs. 2 über das geistliche Amt den Vorschriften des Gesetzes vom 12. Mai 1873 alle diejenigen Amtsträger,

> welche kraft ihres Amtes mit der Ausübung der Seelsorge oder auch nur der Ausübung lehramtlicher oder gottesdienstlicher Funktionen betraut sind,

also außer den Erzbischöfen, Bischöfen, Pfarrern (Missions-, Sukkursal-Pfarrern), Kuratkaplänen und anderen Inhabern der Seelsorge (wie Vikare der Domkapitel), auch die Dom-Prälaten, die Kanoniker an den Kathedralen und Kollegiat-Kirchen, die Vikare derselben, die Weihbischöfe, die Kapläne mit Meßbenefizien (wie z. B. die Frühmesser). —

b) Begriff des jurisdiktionellen Amtes. Der Absatz 2 rechnet zu den Kirchendienern ferner auch die Personen,

> welche die mit einem jurisdiktionellen Amt verbundenen Rechte und Verrichtungen ausüben.

Damit sind diejenigen kirchlichen Amtsträger der katholischen Kirche gemeint, welche, wie die Motive S. 4 hier zutreffend bemerken, ein mit kirchlicher Leitungsgewalt ausgestattetes Amt versehen, also an der potestas jurisdictionis theilhaben. Ob die Leitungsgewalt ihrem Charakter und Umfange nach dem Amte, wie beim Bischof wesentlich ist, oder ob das Amt sich als solches darstellt, kraft dessen die begrifflich aus einem anderen Amte herfließenden Befugnisse wahrgenommen werden, wie bei dem Kapitular-Verweser oder bei dem General-Vikar, ob also um in der kirchenrechtlichen Terminologie zu sprechen, die jurisdictio eine ordinaria oder (was für die beiden zuletzt genannten zutrifft) eine quasi ordinaria (P. Hinschius, Kirchenrecht. Bd. I. S. 181. 184 u. Bd. II. S. 218. 241) ist, erscheint gleichgültig. Aus demselben Grunde sind den eben genannten auch solche Amtsträger gleichzustellen, welchen eine Reihe der bischöflichen Befugnisse zur Ausübung delegirt sind, wie die Verwalter der verschiedenen in Preußen, so namentlich in Schlesien vorkommenden bischöflichen Kommissariate oder Vikariate, ferner die Landdekane oder Erzpriester (a. a. O. Bd. II. S. 224. 227 N. 4. 288. 291), denn auch bei ihnen muß es unerheblich erscheinen, daß der Inhalt ihrer Amtsfunktionen in gewissen bischöflichen, von ihnen auszuübenden Rechten besteht.

In diesen Beziehungen ändert das neue Gesetz nichts an dem bisherigen Rechtszustande. Wohl aber ist durch die Beschränkung des Begriffes: Kirchendiener auf die Träger eines jurisdiktionellen Amtes die Anwendung des Gesetzes auf die Mitglieder der bischöflichen Ordinariate, Konsistorien, Offizialate oder General-Vikariate modifizirt. Insofern diese alle kirchlichen Dienste und Funktionen versehen, war es früher gleichgültig, ob sie, was die Regel ist, gegenüber dem Bischof oder dessen General-Vikar eine blos berathende Stellung besaßen oder zu selbstständig mit Stimmenmehrheit beschließenden Kollegien formirt waren (a. a. O. S. 224. 225). Da aber jetzt nur derjenige als Kirchendiener betrachtet wird, welcher ein jurisdiktionelles Amt inne hat, so scheiden alle diejenigen aus, welche allein Rath zu ertheilen und bei der Bearbeitung der Sachen blos vorbereitende oder ausführende Hülfsdienste zu leisten haben, denn der Begriff des jurisdiktionellen Amtes, der Leitungsgewalt, setzt das Recht zu selbstständigen, entscheidenden Anordnungen und anderen Maßnahmen voraus.

Was die evangelische Kirche betrifft, so sind hier die Mitglieder der kirchenregimentlichen Behörden, also des Ober-Kirchenrathes zu Berlin, Landeskonsistoriums zu Hannover, ferner der Provinzial-Konsistorien, die General-Superintendenten und Superintendenten Inhaber von jurisdiktionellen Aemtern. Sie würden an sich also sämmtlich unter das Gesetz fallen. Jedoch besteht, namentlich für das altpreußische Rechtsgebiet, eine Kontroverse, ob die gedachten Beamten mit Ausnahme der Superintendenten Kirchenbeamte und nicht vielmehr Staatsbeamte sind, und ob sie der kirchlichen Disziplinargewalt oder, wie die Staatsbeamten, der staatlichen Disziplinargerichtsbarkeit unterliegen, (vgl. P. Hinschius, preuß. Kirchenrecht. S. 148 u. S. 359 N. 13). Eine Erörterung dieser Kontroverse gehört nicht hierher. Wenn man freilich die Staatsbeamten-Qualität für die erwähnten kirchlichen Amtsträger annimmt, so werden sie von den Bestimmungen des Gesetzes vom 12. Mai 1873 nicht betroffen, weil sie einmal nicht als Kirchendiener im Sinn desselben betrachtet werden können und ferner weil das Gesetz sich nur auf die kirchliche Disziplinargerichtsbarkeit bezieht.

Zweifellos ist es dagegen, daß das Gesetz nicht mehr auf die niederen Kirchendiener (Küster, Organisten, Kirchendiener) ebenso wenig auf die Mitglieder der Kirchengemeinde-Körperschaften Anwendung findet, denn alle diese versehen weder ein geistliches noch jurisdiktionelles Amt.

c) Widerrufliche Anstellungen und vorübergehende Betrauung mit geistlichen und jurisdiktionellen Funktionen. Endlich fragt es sich, ob es zum Begriffe des Kirchendieners im Sinne des Abs. 2 Art. 6 gehört, daß der betreffende Amtsträger in seinem Amte fest und nicht widerruflich angestellt und ob ihm überhaupt ein Amt, d. h. ein ein für alle Mal fest abgegränzter Kreis geistlicher Funktionen oder jurisdiktioneller Befugnisse übertragen sein muß oder ob auch die bloße vorübergehende Betrauung mit solchen Verrichtungen und Rechten ausreicht. Die Fassung des Abs. 2 läßt in diesen Beziehungen insofern Zweifel entstehen, als derselbe von Personen spricht, welche die „mit einem geistlichen oder jurisdiktionellen Amt verbundenen Rechte und Verrichtungen ausüben". Das kann einerseits jeden bedeuten, welcher gleichviel, aus welchem Grunde, ob kraft eines Amtes oder kraft bloßer vorübergehender Betrauung oder Deputirung Rechte und Verrichtungen ausübt, welche Ausflüsse eines geistlichen oder jurisdiktionellen Amtes sind, aber auch lediglich auf denjenigen bezogen werden, welcher kraft seines, d. h. des ihm übertragenen geistlichen oder jurisdiktionellen Amtes die erwähnten Funktionen versieht.

Sieht man lediglich auf die Wortfassung, so wird man sich für das erstere zu entscheiden haben. Die Motive fassen dagegen den Absatz 2, da sie vom Inhaber eines geistlichen oder jurisdiktionellen Amtes (S. 29) sprechen, in dem zuletzt gedachten Sinn auf.

Gegenüber dem klaren Wortlaut haben sie indessen an sich keine Bedeutung. Dazu kommt, daß das Gesetz vom 12. Mai 1873 sich auch auf solche Geistliche bezieht, welche nur vorübergehend mit kirchlichen Funktionen betraut sind. Die §§. 3 und 5, welche die körperliche Züchtigung und die Freiheitsstrafe (abgesehen von der Verweisung in eine Demeriten-Anstalt) ausschließen, beziehen sich sicherlich nicht nur auf diejenigen Geistlichen, welche in einem Amt angestellt sind, ebensowenig hätte es einen Sinn, den §. 4 betreffend die Beschränkung der Geldstrafen und den §. 5 über die Dauer der Verweisung in eine Demeriten-Anstalt lediglich auf die Inhaber eines geistlichen oder jurisdiktionellen Amtes anzuwenden. Vergegenwärtigt man sich nun, daß der Artikel 6 lediglich die weite Ausdehnung des Begriffes hat ausschließen wollen und das Wort Kirchendiener allein in §. 1 des Gesetzes v. 1873 gebraucht war, so wird man dem Wortlaut des Artikels 1, nicht aber den Motiven den Vorzug zu geben haben.

Jedenfalls muß es ebenso wie früher auch jetzt noch gleichgültig erscheinen, ob der betreffende Amtsträger fest und dauernd oder blos ad nutum angestellt ist, (P. Hinschius, Kirchengesetz v. 1873 S. 42. 50), denn zu dem Begriff des kirchlichen Amtes als solchen gehört es nicht, daß es nur dauernd und nicht widerruflich übertragen wird (P. Hinschius Bd. II. S. 366).

II. Die Ausübung der Disziplinargewalt durch auswärtige Obere.

Der Abs. 1 des Artikels 6 beseitigt den §. 1 des Gesetzes vom 12. Mai 1873. Derselbe lautet:

„Die kirchliche Disziplinargewalt über Kirchendiener darf nur von Deutschen kirchlichen Behörden ausgeübt werden".

Nach dem Vorgange der mit den verschiedenen Nationen geschlossenen Konstanzer Konkordate und des Konzils von Basel hatte das Trienter Konzil (Sess. XXIV c. 20 u. Sess. XXV c. 10 de ref.) bestimmt, daß alle kirchlichen Rechtssachen in erster Instanz von den Ordinarien und die nach Rom zur Entscheidung gelangenden Sachen nicht dort, sondern an Ort und Stelle durch eigene von den Provinzial- oder Diözesan-Synoden zu bezeichnende, sog. judices in partibus, denen der Papst für den einzelnen Fall die Jurisdiktion zu delegiren hat, verhandelt werden sollen (P. Hinschius, Kirchenrecht Bd. I. S. 175. 176). Daß deutsche Rechtssachen nicht den Konkordaten zuwider nach Rom gezogen werden durften, war seit dem 16. Jahrhundert ebenfalls Grundsatz des deutschen Reichsrechtes und die Aufrechterhaltung desselben ist von den deutschen Kaisern in ihren Wahlkapitulationen von Karl V ab beschworen worden (Friedberg, die Gränzen zwischen Staat und Kirche. Tübingen 1872. S. 65. 66. 77 ff.). Das preußische ALR. hat ihn ebenfalls durch die Vorschriften II. 11. §. 136: „Auch darf er (ein auswärtiger geistlicher Oberer) irgend einige andere Gewalt, Direktion oder Gerichtsbarkeit in solchen Sachen, ohne ausdrückliche Einwilligung des Staats, nicht ausüben" und §. 138: „Ist dergleichen auswärtigen Obern eine Direktion oder Gerichtsbarkeit innerhalb der Grenzen des Staats zugestanden, so müssen sie, zu deren Verwaltung, einen vom Staat genehmigten Vicarius innerhalb Landes bestellen", angenommen, und noch in den Jahren 1850 bis 1873 ist streng darauf gehalten worden, daß die Erzbischöfe von Olmütz und Prag in den ihrer kirchlichen Jurisdiktion unterstellten preußischen Landestheilen, in der Grafschaft Glatz und in dem Distrikt Katscher ihre Disziplinargewalt nicht faktisch ausübten, auch sie sind auf ihren Revisionsreisen stets von einem Regierungskommissar begleitet worden (s. Kommissionsbericht des Herrenhauses S. 13).

Nicht minder bestimmen das württembergische Gesetz vom 30. Januar 1862 Art. 10: „Disziplinar- und Ehesachen dürfen auch im Instanzenzuge nicht vor ein außerdeutsches kirchliches Gericht gezogen werden"; das hessische Gesetz v. 23. April 1875 Art. 5: „Die kirchliche Disziplinargewalt über Kirchendiener darf nur von Deutschen kirchlichen Behörden ausgeübt werden" und das sächsische Gesetz v. 23. August 1876: „Von den Staatsbehörden dürfen Disziplinarstrafen wider Geistliche oder andere Kirchendiener vollstreckt werden, wenn die Strafe von der zuständigen inländischen Behörde erkannt worden ist."

Ja, nach Abschluß des österreichischen Konkordates i. J. 1855 hat der Papst selbst 1858 die erforderlichen Delegationen für inländische österreichische geistliche Gerichte vorgenommen, (s. Arch. f. kath. Kirchenrecht Bd. 10 S. 461. 462), und bei den Berathungen des vorliegenden Gesetzes hat sogar auch der Bischof Dr. Kopp (stenograph. Berichte des Herrenhauses von 1886 S. 215) erklärt: „In allen deutschen Diözesen ist die kirchliche Gerichtsbarkeit in den Händen deutscher Behörden, und die Instanzen liegen sämmtlich im deutschen Reiche; selbst in solchen Ländern, wo ein Nuntius unterhalten wird, liegt die kirchliche Gerichtsbarkeit nicht in der Hand des Nuntius, sondern in der Hand der kirchlichen katholischen Behörden. Zum Beispiel nehme ich den Schematismus der Diözese Augsburg, so ist der kirchliche Gerichtshof dieser Diözese in erster Instanz in Augsburg, in München für die zweite Instanz, in Bamberg für die dritte Instanz. Augsburg selbst ist die zweite Instanz für München, die dritte für Rothenburg."

Der jetzt beseitigte §. 1 des Gesetzes vom 11. Mai 1873 stand also in voller Uebereinstimmung mit den kirchlichen Vorschriften, der noch jetzt selbst vom Papst geübten kirchlichen Praxis, ganz abgesehen davon, daß er auch altes deutsches Reichsrecht, altpreußisches Recht enthielt, und noch geltendes Recht in anderen deutschen Staaten ist.

Wenn man dieses Recht im Jahre 1873 in dem citirten §. 1 zum gesetzlichen Ausdruck gebracht hat, so geschah dies damals, um die im Laufe von Jahrhunderten erprobten Mißstände, die Vertheuerung der Rechtspflege, die Verschleppung der Prozesse und die Auflösung der ordentlichen Jurisdiktionsverhältnisse, welche sich bei der Verhandlung der Rechtssachen in Rom ergeben haben, zu vermeiden, und die Entscheidung in die Hände von Behörden zu legen, welche mit den in Frage kommenden deutschen Verhältnissen vertraut sind und einer staatlichen Kontrole, wie sie in Deutschland herkömmlich war, unterstanden (P. Hinschius, Kirchengesetze S. 48). Keinesfalls ist der Gesichtspunkt maßgebend gewesen, blos Behörden entscheiden zu lassen, welche etwa von den inländischen Gerichten bestraft werden könnten. Ebensowenig war damit den Behörden, denen die Disziplinargewalt verfassungsmäßig in den einzelnen Kirchen zusteht, insbesondere auch nicht dem Papste, die Disziplinargerichtsbarkeit selbst entzogen und, wie behauptet worden ist, die katholische Kirche vom Papst losgetrennt, um so weniger als der §. 1 weder verboten hatte, daß bei den römischen Kurialbehörden in einzelnen Fällen angefragt würde, noch es ausschloß, daß die deutsche Disziplinarbehörde sich die von diesen Behörden oder von dem Papste abgegebene Entscheidung aneignete.

Wie rechtfertigen nun die Motive der Regierungsvorlage den auffälligen Bruch mit dem Jahrhunderte lang in Deutschland geltenden, von der kirchlichen Gesetzgebung und sogar von den Päpsten anerkannten Rechtszustand? Sie erklären (S. 3):

> „I. Der §. 1 des Gesetzes vom 12. Mai 1873, wonach die kirchliche Disciplinargewalt in der Monarchie nur von deutschen kirchlichen Behörden ausgeübt werden darf, war in erster Linie durch die Gestaltung geboten, welche das Gesetz dem sog. recursus ab abusu gegeben hat. Denn die gegen kirchliche Disciplinar-Entscheidungen bei dem Staat eingelegten Berufungen gehen an einen Königlichen Gerichtshof und bedingen hier ein streng kontradiktorisches Verfahren, welches mit Erfolg nur inländischen Kirchenbehörden gegenüber eingehalten werden kann. (§§. 16, 17, 19—23.)
>
> Verliert der recursus ab abusu nach den Vorschlägen des gegenwärtigen Entwurfs (Art. 6—11) seinen rein judiziären Karakter, so kann die Vorschrift des §. 1 entbehrt werden.
>
> Hierzu tritt ein weiteres Moment:
>
> Wie die Gesetzmaterialien unzweideutig zeigen, hatte der §. 1

lediglich die Absicht, in Uebereinstimmung mit dem bereits geltenden Recht, die Ausübung der kirchlichen Disciplinargewalt durch außerdeutsche Behörden auszuschließen. Trotz aller hierauf bezüglichen Erklärungen der Staatsregierung ist die Vorschrift jedoch dahin mißverstanden worden, daß sie den verfassungsmäßigen Organen der katholischen Kirche, soweit sie sich im Auslande befinden, die Disciplinargewalt selbst abspreche. Auch in der Judikatur hat diese Auffassung Bestätigung gefunden.

Es erscheint hiernach zulässig, den §. 1 des Gesetzes vom 12. Mai 1873 in Wegfall zu bringen."

Die Motive sind also nicht einmal selbst im Stande, die Nothwendigkeit einer Aufhebung des §. 1 zu begründen, sondern müssen sich darauf beschränken, blos für die Zulässigkeit derselben zu plaidiren. Dabei übersehen sie noch, daß der Grundsatz des §. 1 keineswegs, wie sie behaupten, durch die Einführung des recursus ab abusu an den Gerichtshof für kirchliche Angelegenheiten geboten war, und deshalb im Jahre 1873 gesetzlich festgestellt ist. Die Konstanzer Konkordate, das Baseler und Tridentiner Konzil, die kaiserlichen Wahlkapitulationen, das württembergische und sächsische Gesetz stellen dieselbe Forderung auf und, sämmtlich ohne Rücksicht auf einen Gerichtshof, wie den erwähnten. Ebensowenig war es ein ausreichender Grund, daß der §. 1 mißverstanden sei, namentlich von einer Seite, welche die früheren Gesetze grundsätzlich, wo es ihr angemessen schien, mißverstehen wollte, und selbst die Behauptung, daß auch die falsche Auffassung in der Judikatur vertreten worden sei, welche leider ohne jede näheren thatsächlichen Angaben aufgestellt ist, würde nur dann Beachtung verdienen können, wenn eine solche irrige Auffassung in konstanter Praxis bei den maßgebenden obersten Gerichtshöfen — davon ist aber nichts bekannt geworden — ihre Vertretung gefunden hätte.

Diese schwache Position der Motive hat allerdings der Bischof Kopp bei den Berathungen des Herrenhauses (stenographische Berichte S. 215) zu stützen gesucht, indem er erklärt hat: „Das (katholische) Volk wird immer einen Angriff auf die dogmatische Verfassung der Kirche hierin erblicken, und es hält doch sehr schwer, zwischen dem Recht und der Ausübung des Rechtes zu unterscheiden, und Sie können den Katholiken doch nicht zumuthen, diese theoretische Unterscheidung zu unterschreiben . . . . Aber das Recht, die Sache so zu ordnen, (d. h. inländische Gerichte zu delegiren), würden Sie ja dem Papste absprechen, wenn Sie eine solche gesetzliche Bestimmung, wie §. 1 des Gesetzes vom 12. Mai 1873 aufrecht erhalten wollten." Hierbei scheint der Bischof völlig vergessen zu haben, daß das Tridentinum selbst mit seinem schon vorhin gedachten Bestimmungen den sog. Angriff auf die dogmatische Verfassung der Kirche gemacht und auch den Katholiken die doch nicht so schwer faßliche Unterscheidung zwischen dem Recht und der Ausübung des Rechtes zugemuthet hat, daß sich also seine ganze Ausführung auch gegen ein für die Kirche und für ihn als Bischof verbindliches Kirchengesetz wendet. Ganz dasselbe ist der Fall mit seinem weiteren Argument, daß der Papst, wenn er die Jurisdiktion nicht selbst ausüben darf, auch keine Gerichte dazu bestellen kann, da bekanntlich die Bestellung der Gerichte noch nicht Ausübung der Gerichtsbarkeit ist.

Zutreffend ist es allerdings, was in der Kommission des Herrenhauses seitens der Vertreter der Regierung und namentlich seitens des Kultusministers bemerkt worden ist (S. 14. 15), daß die Bedeutung der Frage durch die praktische Einschränkung der päpstlichen Jurisdiktion abgenommen habe. Ebenso erscheint es richtig, daß es sich, wie von dem letzteren hervorgehoben worden ist, um einen theoretischen Streit handelt, falls man unter einem solchen einen prinzipiellen Streit versteht. Praktisch werden vom Papst wohl für die Regel auch nach Aufhebung des §. 1 deutsche Gerichte delegirt werden, und wenn deshalb der Streit um die gedachte Vorschrift für die Kurie ebensowenig praktische Bedeutung, wie für den Staat hatte, so handelte es sich für beide Theile insofern um eine wichtige Principienfrage, als die Beseitigung des §. 1, welcher altes deutsches und preußisches Recht enthielt, seitens der Kurie als Anerkennung der Souveränität der Kirche auf dem Gebiete der Disziplinargerichtsbarkeit und als die Preisgebung der Kirchenhoheit des Staates in Betreff dieses Theiles der kirchlichen Verwaltung aufgefaßt wurde und wird.

Von einer weiteren Erörterung, namentlich darüber, ob der Staat mit der Beseitigung des §. 1 richtig gehandelt hat, sehe ich hier ab, da ich das Gesetz nicht vom kirchenpolitischen Standpunkt aus zu kritisiren beabsichtige. Wenn ich theilweise dieses Gebiet berührt habe, so konnte dies bei einer blos juristischen Besprechung des Abs. 1 nicht gänzlich vermieden werden, weil es ohne die vorstehende Erörterung nicht möglich war, die Tragweite der Aufhebung des §. 1 klar zu stellen und die Ausführungen der Motive zu dem Absatz 1 zu beleuchten.

Artikel 7.

Die Vorschrift des §. 2 Absatz 2 im Gesetz vom 12. Mai 1873 findet nur Anwendung, wenn mit der Entfernung aus dem Amte der Verlust oder eine Minderung des Amtseinkommens verbunden ist.

Der vom Artikel 7 betroffene §. 2 lautet:

„Kirchliche Disziplinarstrafen, welche gegen die Freiheit oder das Vermögen gerichtet sind, dürfen nur nach Anhörung des Beschuldigten verhängt werden.

Der Entfernung aus dem Amte (Entlassung, Versetzung, Suspension, unfreiwillige Emeritirung u. s. w.) muß ein geordnetes prozessualisches Verfahren vorausgehen.

In allen diesen Fällen ist die Entscheidung schriftlich unter Angabe der Gründe zu erlassen."

Diese letztere Vorschrift, welche den kirchlichen Disziplinarbehörden bei der Anwendung der leichteren Disziplinarstrafen, wie Verweis oder Verwarnung, völlig freie Hand läßt, ordnet an:

1. daß eine Vermögensstrafe oder die Verweisung in eine Demeriten-Anstalt nur nach Anhörung des Beschuldigten verhängt werden darf und
2. der Entfernung aus dem Amte ein geordnetes prozessualisches Verfahren vorgehen muß, sowie

3. in jedem der beiden Fälle die Entscheidung schriftlich unter Angabe der Gründe zu erlassen ist.

In Folge der Bestimmung des Artikels 7 ergiebt sich jetzt folgender Rechtszustand:

1. Vor Verhängung einer Vermögensstrafe oder der Verweisung in eine Demeriten-Anstalt ist der Beschuldigte zu hören,
2. nur der Aussprechung der Entfernung aus dem Amte, mit welchem der Verlust oder eine Minderung des Amtseinkommens verbunden ist, aber nicht in anderen Fällen hat ein geordnetes prozessualisches Verfahren vorauszugehen,

also ist

3. ein solches nicht nöthig, wenn blos auf Entfernung aus dem Amte, ohne daß ein Verlust oder eine Minderung des Amtseinkommens eintritt, erkannt wird, und bedarf es auch nicht einmal in solchen Fällen der vorgängigen Anhörung des Beschuldigten,

da der §. 2 Abs. 1 diese allein für die Anwendung der zu 1 gedachten Disziplinarstrafen erfordert. Es tritt also jetzt das befremdliche Resultat ein, daß derjenige, gegen welchen auch nur die kleinste Geldstrafe, z. B. von Einer Mark verfügt werden soll, vorher zu hören ist, daß dagegen die Entfernung aus dem Amte im Falle 3 ohne vorgängiges Gehör des Beschuldigten ausgesprochen werden darf.

Die Motive geben keinen anderen Aufschluß für diese eigenthümliche Gestaltung als daß sie bemerken: „Der Vorschlag des Artikels 5 nimmt von einer Kontrole der kirchlichen Disziplinarentscheidungen Abstand, sofern sie ohne vermögensrechtliche Nachtheile für den betroffenen Kirchendiener bleiben, und die Entfernung aus dem Amte lediglich kirchliche Amtsrechte oder geistliche Funktionen entzieht, sich also auf rein kirchlichem Boden bewegt.“ Er läßt jede Aufklärung darüber vermissen, warum nunmehr die der preußischen staatskirchlichen Gesetzgebung bisher fremde Unterscheidung zwischen der vermögensrechtlichen (staatlichen) und der rein geistlichen oder kirchlichen Seite des kirchlichen Amtes (vgl. darüber P. Hinschius in Marquardsen, Handbuch des öffentlichen Rechtes I. 1. S. 298) irgend eine Bedeutung beigelegt wird.

Die Herrenhaus-Kommission (S. 15) hat sich mit der Versicherung begnügt, daß das kanonische Recht für jede unfreiwillige Versetzung aus einem nicht auf Widerruf verliehenen kirchlichen Amte ein vollständig geordnetes prozessualisches Verfahren vorschreibe, und auch aus diesem Grunde einen Antrag, wenigstens für die Fälle der Nr. 3 (s. oben) die Anhörung des Beschuldigten vorzuschreiben, verworfen. Daß dies indessen nicht für alle Fälle zutrifft, wird die weitere Erörterung ergeben.

II. Die Voraussetzungen des Artikels 7 im Besondern.

1. Entfernung aus dem Amte. Zur Bestimmung der Tragweite des Art. 7 kommt es auf eine Untersuchung darüber an, was derselbe unter Entfernung aus dem Amte versteht, und inwieweit die Disziplinarstrafen, welche darunter zu subsumiren sind, zugleich einen Verlust oder eine Minderung des Amtseinkommens herbeiführen.

Der §. 2 des Gesetzes vom 12. Mai 1873 fügt dem Worte: „Entfernung aus dem Amte“ in Parenthese bei: „Entlassung, Versetzung,

Suspension, unfreiwillige Emeritirung u. s. w.“ und hatte damit nach den Motiven alle Fälle umfassen wollen, „in welchen gegen einen Kirchendiener die dauernde oder zeitweise Enthebung von seinen amtlichen Funktionen als Disziplinarstrafe, ohne Unterschied zwischen Censur und eigentlicher Strafe im Sinne des kanonischen Rechts verfügt wird“ (P. Hinschius, Kirchengesetze v. 1873 S. 49 Anm. 5).

Der vorliegende Artikel 7 erwähnt dagegen blos der Entfernung aus dem Amte, aber da er den §. 2 Abs. 2 nicht ganz beseitigt, sondern nur die Voraussetzung, unter welchen ein geordnetes prozessualisches Verfahren bei der Entfernung aus dem Amte erfordert wird, anders als bisher normirt, hat er im übrigen den §. 2 Abs. 2 nicht berührt, d. h. es ist die nähere, durch die Parenthese gegebene Erläuterung des Begriffes der Entfernung aus dem Amte noch in Kraft geblieben, und die Bedeutung, welche ihr der Abs. 2 gesetzlich beigelegt hat, ist auch noch für das neue Gesetz maßgebend.

Was die Disziplinarstrafen in der katholischen Kirche betrifft, so gehören zunächst hierher und zwar, weil sie sich alle als eine „Entlassung“ aus dem Amte charakterisiren:

1. Die Degradation, welche dem Geistlichen Amt und Pfründe, das Recht, die Funktionen der erlangten Weihe erlaubter Weise auszuüben, die Fähigkeit zu fernerem Erwerbe kirchlicher Aemter und Pfründen, sowie die geistlichen Standesrechte entzieht;

2. die Deposition, welche mit der Ausnahme, daß dem Deponirten die geistlichen Standesrechte verbleiben, dieselben Wirkungen, wie die Degradation hat,

3. die privatio beneficii, welche nur den Verlust des Amtes und der Pfründe, nicht aber die Fähigkeit zur späteren Erlangung solcher zur Folge hat, (vgl. hierzu des Näheren P. Hinschius Kirchengesetze v. 1873. S. 49 Anm. 5).

Weiter gilt als Entfernung aus dem Amte:

4. die im §. 2 Abs. 2 genannte Versetzung, und zwar jede Versetzung wider Willen des Amtsinhabers, denn wenn eine solche nach kanonischem Recht auch ausnahmsweise wegen besonders erheblicher Gründe, nicht blos als Disziplinarmaßregel verfügt werden kann, (P. Hinschius, Kirchenrecht Bd. III. S. 314. 316), so ergiebt sich doch erst bei der Vornahme eines geordneten Verfahrens, ob sich nicht unter einer Versetzung im Interesse des Dienstes eine disziplinarische Maßregel verbirgt.

Weiter zählt §. 2 Abs. 2

5. die Suspension auf. Hierunter versteht das Gesetz nicht die im §. 11 besonders berücksichtigte, vorläufige oder provisorische Suspension während der Dauer einer Untersuchung, sondern die als Strafe oder Censur, d. h. auf bestimmte oder unbestimmte Zeit verhängte Enthebung eines Geistlichen von der Verwaltung des Amtes (ab officio), der Ausübung der Weiherechte (ab ordine), sowie des Bezuges und Genusses der Amtseinkünfte (a beneficio). Wird sie mit allen diesen Wirkungen, als sog. plena oder generalis ausgesprochen, so fällt sie jedenfalls unter die Entfernung aus dem Amte, da der §. 2 Abs. 2 mindestens den schwersten Fall derselben gemeint haben muß.

Die Suspension wird aber in der katholischen Kirche auch mit der einen oder anderen der gedachten Wirkungen, d. h. als s. ab ordine, ab officio oder a beneficio (als sog. suspensio partialis) verhängt, ja es kommt auch eine Suspension blos von einzelnen, namentlich von einem bestimmten Weiherechte (z. B. der Ausübung eines ordo, der Befugniß die Priesterweihe zu ertheilen) vor, (Kober, Suspension der Kirchendiener. Tübingen 1862. S. 112).

Daß eine Suspension der letzteren Art vom Gesetze nicht gemeint ist, ergiebt sich daraus, daß sie in Betreff ihrer Wirkungen der Entfernung aus dem Amte nicht gleichgestellt werden kann.

Andererseits wird man aber annehmen müssen, daß das Gesetz die suspensio partialis hat treffen wollen. Ganz abgesehen davon, daß es nicht blos die totale Suspension nennt, steht bei der suspensio ab ordine und der a beneficio eine wichtige Kategorie von Amtsrechten in Frage und die erstere kommt, sofern der kirchliche Amtsträger, wie z. B. der Pfarrer, keine eigentliche Leitungsgewalt besitzt, praktisch einer totalen, zeitweisen Enthebung von allen amtlichen Funktionen sehr nahe. Die suspensio ab officio entzieht sowohl alle aus der äußeren und inneren Jurisdiktion, wie auch aus der Weihe fließenden Rechte, da sie ohne Weiteres die suspensio ab ordine mit umfaßt und schmälert überdies den Genuß der Einkünfte insofern, als der Suspendirte aus diesen die Kosten für die Stellvertretung während seiner Suspension zu tragen hat, (Kober a. a. O. S. 92. 93). Es handelt sich demnach in allen diesen Fällen um erheblichere Disziplinarstrafen, und gerade deren Verhängung hat das Gesetz an die Voraussetzung eines geordneten prozessualischen Verfahrens binden wollen. Endlich kommt noch in Betracht, daß das Gesetz namentlich die Beseitigung der sog. suspensio ex informata conscientia beabsichtigt hat, (s. P. Hinschius, Kirchengesetze v. 1873 S. 50). Diese kann der Bischof, aber nur als suspensio ab ordine oder ab officio (nicht a beneficio) nach dem conc. Trident. Sess. XIV c. 1 de ref. bei geheimen, nicht gerichtlich zu erweisenden Vergehen und in Fällen, in welchen ein förmliches Prozeßverfahren zur Vermeidung anderweitiger Mißstände unterlassen werden muß, nach einer anderen, in der Praxis vielfach zur Anwendung gebrachten Ansicht, aber auch in jedem beliebigen Fall ohne irgend ein vorangehendes Verfahren und ohne Anhörung des Betroffenen verhängen (vgl. Kober a. a. O. S. 70 ff., Braun, de suspensione ex informata conscientia. Wirceburg. 1868. p. 12 ff., Droste, kirchl. Disciplinar- und Criminal-Verfahren gegen Geistliche. Paderborn 1882 S. 74 ff.). Die Absicht des Gesetzgebers, die Verhängung dieser ohne jedes prozessualische Verfahren statthaften Strafe auszuschließen, würde aber verhindert werden, wenn man unter dem Worte Suspension nur die totale Suspension verstehen wollte, weil die suspensio ex informata conscientia nie eine solche sein kann.

6. Endlich gehören wegen der im §. 2 in der Parenthese durch das „u. s. w." aufgestellten clausula generalis auch die Exkommunikation und die interdictio ingressus ecclesiae, da sie ähnliche rechtliche Folgen, wie die Suspension äußern, hierher, (vgl. P. Hinschius a. a. O. S. 7. 8 u. 51 N. 10).

Für die evangelische Kirche kommen in Betracht:

1. die Amtsentsetzung oder Dienstentlassung (ALR. II. 11. §. 532), welche den Verlust der geistlichen Standesprivilegien und des in der Ordination für die Ausübung geistlicher Amtshandlungen ertheilten Fähig-

keitszeugnisses, nach sich zieht, (vgl. P. Hinschius, preuß. Kirchenrecht. S. 104 N. 56);

2. die Versetzung wider Willen, (ALR. II. 11. §. 531 und P. Hinschius, Kirchenrecht S. 360 N. 15);

3. die unfreiwillige Emeritirung, Kab.-Ordre v. 27. April 1830 (a. a. O. S. 368 und Ges.-Samml. v. 1830. S. 81);

4. endlich auch die zwar nicht in den alten, wohl aber in den neuen Provinzen, z. B. Kurhessen vorkommende suspensio ab officio et salario auf Zeit (P. Hinschius, Kirchengesetze v. 1873 S. 51).

2. Der Verlust und die Minderung des Amtseinkommens. Der Verhängung aller dieser Strafen, bezw. Censuren, braucht jetzt nur ein geordnetes prozessualisches Verfahren — d. h. ein solches in welchem eine Formulirung bestimmter Anschuldigungen, die Anhörung des Angeschuldigten über die letzteren, die Erhebung des Belastungs- und des Entlastungsbeweises, die Gewährung einer Vertheidigung nach geführtem Beweise unter Mittheilung der Resultate desselben und die schriftliche Feststellung der geführten Verhandlungen statt hat, (nicht aber etwa ein bestimmtes Verfahren, wie der Accusations- oder Inquisitionsprozeß, s. a. a. O. S. 51 N. 11) — voranzugehen,

wenn mit denselben der Verlust oder eine Minderung des Amtseinkommens verbunden ist.

Unter dem Amtseinkommen kann das Gesetz nur diejenigen vermögenswerthen Bezüge verstehen, auf deren Genuß der von der Disziplinarmaßregel Betroffene kraft seiner amtlichen Stellung ein Recht besitzt.

Es gehören dahin in der katholischen Kirche die Einkünfte aus den sog. Benefizien, d. h. denjenigen Aemtern, mit welchen ein aus kirchlichem Vermögen fließendes, fest radicirtes Einkommen dauernd verbunden, (P. Hinschius, Kirchenrecht. Bd. II. S. 367), oder für welche an Stelle des ehemaligen, säkularisirten Grundvermögens vom Staate die Zahlung eines festen Gehaltes übernommen ist, (a. a. O. S. 369); in der evangelischen Kirche die mit einem Amt verbundenen Bezüge aus den für dasselbe bestimmten Grundstücken, Reallastberechtigungen und sonstigen Fonds, sowie die dafür vom Staate oder aus den Kirchenkassen gewährten Gehälter.

In der katholischen Kirche fallen aber darunter ferner auch die Beträge, welche als Salair, Honorar und Gehalt für amtliche Stellungen ohne Benefizial-Charakter, wie für die Weihbischöfe, Generalvikare, Kapitelsverweser (s. a. a. O. Bd. II. S. 179. 223. 239) und für die Missionspfarrer, oder als stiftungsmäßige Bezüge oder Bezüge für die Persolvirung der ihnen kraft ihrer Stellung obliegenden Messen an Kapläne und Hülfsgeistliche entrichtet werden.

In der evangelischen Kirche gehören ebenfalls Einkünfte des eben gedachten Charakters (wie z. B. die Remunerationen für die Superintendenten) hierher.

Endlich kommen noch in beiden Kirchen die Stolgebühren der kirchlichen Amtsträger in Betracht.

Die Voraussetzungen des Art. 7 liegen also vor, sowie durch die Entfernung vom Amte in dem oben S. 41 ff. erörterten Sinne der in Folge dieses Amtes dem Betroffenen zustehende Genuß der gedachten Einkünfte entzogen oder geschmälert wird. Dies wird stets der Fall sein bei der Degradation, der Deposition und der privatio beneficii in der katholischen, bei der Amtsentsetzung oder Dienstentlassung und der unfreiwilligen Emeritirung in der evangelischen Kirche.

Gleich steht in der katholischen Kirche der Verhängung dieser Strafen die große Exkommunikation, denn der exkommunicirte Geistliche verliert dadurch mit anderen kirchlichen Rechten auch das Recht auf den Bezug und Genuß seines Amtseinkommens, (Kober, Kirchenbann, 2. Aufl. Tübingen 1863. S. 350).

Bei der Versetzung wider Willen kommt es dagegen in beiden Kirchen darauf an — was freilich ebenfalls thatsächlich für die Regel zutreffen wird —, daß das Amtseinkommen desjenigen Amtes, welches auf die Versetzung erfolgt, und zwar bei Zusammenrechnung aller verschiedenartigen Bezüge geringer ist, als die in derselben Weise festgestellten Einkünfte des früher von dem versetzten Geistlichen besessenen Amtes.

Was die Suspension betrifft, so hat die katholische suspensio generalis und suspensio a beneficio und die protestantische suspensio ab officio et salario, da sie den bisher Berechtigten wenigstens zeitweise des Rechtes auf den Bezug seines Amtseinkommens beraubt, ebenfalls eine Verminderung desselben zur Folge.

Die suspensio ab officio und die suspensio ab ordine des katholischen Kirchenrechts berühren an sich das Amtseinkommen nicht direkt, aber indirekt insofern, als der ab officio oder ab ordine suspendirte gewisse Rechte, für welche er Stolgebühren oder Stipendien erhält, nicht auszuüben berechtigt ist. So verliert der Pfarrer, welcher die ihm kraft seines Amtes obliegenden besonderen, stiftungsmäßigen Messen nicht lesen kann, die ihm sonst dafür etwa gebührenden Meßstipendien. Ferner hat er, wenn er ab officio suspendirt ist, wie schon oben S. 42 bemerkt ist, die Vertretungskosten von seinem Amtseinkommen zu tragen. Da dieser Verlust durch die Disziplinarstrafe herbeigeführt wird, so ist mit dieser wenngleich sie sich nicht direkt gegen das Recht auf den Bezug des Amtseinkommens richtet, doch immer als Folge eine Verminderung des letzteren verbunden. Und mehr verlangt der Artikel 7 des Gesetzes seinem Wortlaute nach nicht.

Aus diesen Ausführungen ergiebt sich, daß die im Art. 7 gemachte Neuerung, soweit es sich um Geistliche, welche fest oder nur widerruflich angestellt sind, praktisch nicht erheblich ist, weil bei diesen die Verhängung der gedachten Disziplinarstrafen so gut wie immer auch einen Verlust oder eine Minderung des Amtseinkommens nach sich ziehen wird.

Eine erhebliche Tragweite hat indessen die Aenderung gerade für die Geistlichen, welche blos als Hülfsgeistliche verwendet werden und kein Amtseinkommen haben. Von einer Entfernung aus dem Amte im eigentlichen Sinne kann bei ihnen freilich keine Rede sein, wenn sie blos aus ihrer bisherigen Thätigkeit abberufen werden, (vgl. auch das Erk. des Gerichtshofes für kirchl. Angelegenheiten v. 11. April 1877 bei Hartmann, Zeitschrift für öffentliches Recht. Bd. 3 S. 476), wohl aber ist gegen sie vor Allem die Suspension ab ordine und die Exkommunikation anwendbar, und für sie ist jetzt, selbst in Bezug auf die Verhängung der suspensio ex informata conscientia (s. o. S. 42), welche nunmehr falls sie keine Verminderung des Amtseinkommens herbeiführt, nach staatlichem Recht gestattet ist, der staatliche Schutz, welcher ihnen ein geordnetes prozessualisches Verfahren sicherte, fortgefallen.

Artikel 8.

Dem Minister der geistlichen Angelegenheiten sind die Statuten und die Hausordnung der Demeritenanstalten einzureichen, sowie die Namen der Leiter derselben mitzutheilen. Am Schlusse jedes Jahres ist dem Minister der geistlichen Angelegenheiten ein Verzeichniß der Demeriten, welches deren Namen, die gegen sie erkannten Strafen und die Zeit der Aufnahme und Entlassung enthält, einzureichen.

Von einer Verweisung in eine Demeritenanstalt für länger als vierzehn Tage, oder einer Entfernung aus dem Amte ist dem Oberpräsidenten gleichzeitig mit der Zustellung an den Betroffenen Mittheilung zu machen.

Die in den §§. 6 und 7 des Gesetzes vom 12. Mai 1873 enthaltenen besonderen Vorschriften wegen der Staatsaufsicht werden aufgehoben.

I. Die Strafe der Verweisung in eine Demeriten-Anstalt.

1. **Materielles Recht in Betreff der Strafe.** Der Art. 8, Abs. 1, welcher in der Regierungsvorlage fehlte und durch die Kommission des Herrenhauses (s. Bericht S. 16) auf Antrag eines Mitgliedes (des Bischofs Dr. Kopp) in den Gesetzentwurf eingefügt worden ist, läßt es zunächst bei den früheren materiellen Bestimmungen über die Freiheitsentziehung als Disziplinarstrafe bestehen. Nach §. 5 des Gesetzes vom 12. Mai 1873:

> „Die Strafe der Freiheitsentziehung (§. 2.) darf nur in der Verweisung in eine Demeriten-Anstalt bestehen.
>
> Die Verweisung darf die Dauer von drei Monaten nicht übersteigen und die Vollstreckung derselben wider den Willen des Betroffenen weder begonnen, noch fortgesetzt werden. Die Verweisung in eine außerdeutsche Demeriten-Anstalt ist unzulässig,"

konnte die katholische Disziplinar-Behörde die Freiheitsentziehung — die evangelische Kirche kennt eine derartige Disziplinarstrafe nicht — als Disziplinarstrafe nur in der Gestalt der Verweisung in eine sog. Demeriten-Anstalt, d. h. in eine Anstalt, in welche die Geistlichen zum Zweck von Bußübungen (recollectiones) und zum Zweck ihrer Besserung wegen begangener Vergehen (auch wegen Obdachs- und Mittellosigkeit) verwiesen werden, verhängen. Eine derartige Strafe durfte blos auf höchstens drei Monate ausgedehnt werden. Endlich war ihre Vollstreckung in einer außerdeutschen Demeriten-Anstalt ausgeschlossen und konnte auch nur mit Willen des Betroffenen begonnen und vollstreckt werden.

Dabei ist es verblieben. Indessen bedarf ein Punkt der Besprechung. In der Kommission hat man den Versuch gemacht, die Beschränkung der Strafe auf höchstens drei Monate zu beseitigen, diesen Versuch aber aufgegeben, als der Kultusminister erklärt hatte (S. 17): „Der §. 5 beschränke nur die Dauer der Verweisung als Disziplinarstrafe und stehe einem freiwilligen Verbleiben in einer solchen Anstalt nicht im Wege; der Fall sei ausgeschlossen, daß ein in einer Demeriten-Anstalt Untergebrachter gegen seinen Willen aus derselben entfernt werden könnte."

Ich habe früher (Kirchengesetze S. 54 und preuß. Kirchenrecht S. 117) das Gegentheil auf Grund des §. 5 angenommen, und muß an dieser Ansicht festhalten. Wenn das Gesetz die Strafe in der gedachten Weise beschränkt, so will es, daß kein Geistlicher selbst nicht einmal mit seinem Willen länger als 3 Monate als Demerit behandelt werden soll, und falls man dem Demeriten gestattet, mit seinem Willen länger in dieser Stellung in der Anstalt zu verbleiben, so wird dadurch die Gesetzesvorschrift umgangen und illusorisch gemacht. Dazu kommt, daß der Staat in der Bulle: De salute animarum v. 16. Juli 1821 die Verpflichtung übernommen hat, eine entsprechende Anzahl Demeritenhäuser zu unterhalten, und daß er diese Mittel nur für diejenigen, welche in Gemäßheit der gesetzlichen Vorschriften in den Demeritenhäusern detinirt werden, nicht aber für andere, verwenden zu lassen braucht, ja sogar zu einer anderen Verwendung gar nicht ohne Weiteres berechtigt ist.

2. Die Staatsaufsicht über die Demeriten-Anstalten. Der Artikel 8 hat zwar die Staatsaufsicht über die Demeritenanstalten bestehen gelassen, aber dieselbe wesentlich gemildert.

Nach §. 6 des Gesetzes vom 12. Mai 1873 war die Ausübung der Staatsaufsicht über die Demeriten-Anstalten dem Oberpräsidenten übertragen.

Dem Oberpräsidenten war:

1. die Hausordnung einzureichen, und er hatte sie zu genehmigen, damit die Demeriten nicht einem Zwang unterworfen würden, welcher mit den Vorschriften des Gesetzes nicht in Einklang stand oder ihre persönliche Freiheit beeinträchtigte;
2. über die Aufnahme jedes neuen Demeriten war dem Oberpräsidenten unter Angabe der Behörde, welche sie verfügt hatte, binnen 24 Stunden von dem Vorsteher der Anstalt Anzeige zu machen;
3. der letztere hatte über sämmtliche Demeriten ein Verzeichniß unter Vermerkung der Namen, der gegen jeden erkannten Strafen und der Zeit der Aufnahme und Entlassung zu führen, sowie dieses Verzeichniß am Schlusse jeden Jahres einzureichen.
4. Der Oberpräsident war befugt, jeder Zeit Visitationen der Demeriten-Anstalten anzuordnen und von ihren Einrichtungen Kenntniß zu nehmen.

Artikel 8 hat zunächst im Abs. 1 und 3:

die Pflicht des Vorstehers, von der Aufnahme jedes neuen Demeriten Anzeige zu machen (Nr. 2), sowie das Recht des Oberpräsidenten, die Hausordnung zu genehmigen (Nr. 1) und Visitationen abzuhalten (Nr. 4)

beseitigt.

Bestehen geblieben ist die Pflicht zur Einreichung des Jahres-

Verzeichnisses (Nr. 3) und der Hausordnung, aber diese hat nicht mehr an den Oberpräsidenten, sondern an den Minister der geistlichen Angelegenheiten zu erfolgen.

Neu hinzugefügt ist die Nothwendigkeit, auch dem letzteren die Statuten der Anstalt einzureichen und die Namen der Leiter derselben mitzutheilen.

Nur das erstere ist eine wesentliche Neuerung, welche offenbar damit zusammenhängt, daß die Anstalten jetzt wieder neu eröffnet werden sollen. Das letztere war im §. 6 des Gesetzes v. 12. Mai 1873 nicht vorgeschrieben. Da aber der Vorsteher der Anstalt die unter 2 und 3 erwähnten Pflichten hatte, auch der Oberpräsident jeder Zeit Visitationen veranlassen konnte, so war damit ohne Weiteres die Möglichkeit gegeben, von den Personen der Leiter Kenntniß zu erhalten.

Während der §. 6 die Einreichung des Lehrer-Verzeichnisses (Nr. 4) durch den Vorsteher vorgeschrieben hatte, bezeichnet Art. 8 Abs. 1 nicht diejenige Person, welche dem Minister die Statuten, die Hausordnung und das Lehrerverzeichniß einzureichen und die Leiter der Anstalt zu benennen hat. Es versteht sich aber von selbst, daß die betreffenden Mittheilungen amtlich, nicht privatim (also nicht etwa durch irgend einen beliebigen Geistlichen) gemacht werden, weil nur dadurch die Garantie für die Richtigkeit derselben gegeben ist. Daher wird sie der Bischof zu machen und zwar allein und ausschließlich jeden neu angestellten Vorsteher zu benennen haben, während die Einreichung der gedachten Ordnungen und der Verzeichnisse auch durch den Vorsteher oder Leiter, wenn er dem Minister bereits von dem Bischofe angezeigt worden ist, wird erfolgen können (über die Mittel zur Durchführung der dem Staate noch verbliebenen Aufsichtsrechte s. nachher unter III zu Abs. 3 dieses Artikels).

II. Mittheilung von Disziplinarbestrafungen an den Staat.

Der Abs. 2 des Art. 8 modifizirt in Verbindung mit Abs. 3 den §. 7 des Gesetzes vom 12. Mai 1873:

> „Von jeder kirchlichen Disziplinar-Entscheidung, welche auf eine Geldstrafe von mehr als 20 Thalern, auf Verweisung in eine Demeriten-Anstalt für mehr als 14 Tage, oder auf Entfernung aus dem Amte lautet, ist dem Oberpräsidenten, gleichzeitig mit der Zustellung an den Betroffenen, Mittheilung zu machen.
>
> Die Mittheilung muß die Entscheidungsgründe enthalten,"

und zwar insofern als:

1. er Anzeigen über die Verhängung von Geldstrafen als Disziplinarmaßregeln nicht mehr verlangt,
2. die Anzeigen vielmehr auf die Disziplinarstrafen der Verweisung in eine Demeriten-Anstalt auf mehr als 14 Tage und der Entfernung vom Amte und zwar jeder im Sinne des §. 2 des Gesetzes v. 12. Mai 1873 (s. o. S. 40), also nicht blos einer solchen, mit welcher der Verlust oder eine Minderung des Amtseinkommens verbunden ist, denn diese Restriktion ist hier nicht beigefügt, beschränkt, und
3. von der Nothwendigkeit einer Mittheilung des Tenors der Entscheidung (vgl. §. 7: „von jeder kirchlichen Disziplinar-Entscheidung" und

Art. 8 Abs. 2: „Von einer Verweisung u. s. w.") und der Entscheidungsgründe absieht.

Diese Aenderung bedeutet: der Staat hat nur ein Recht darauf, Kenntniß davon zu erhalten, daß ein Geistlicher mit den zu 2 gedachten Disziplinarstrafen belegt ist, es steht ihm aber keine Befugniß zu, darüber Auskunft zu erfordern, wegen welches Disziplinar-Vergehens und aus welchen Gründen die Strafe verhängt worden ist.

Man hat die eben gedachte und auch die zu 1 gedachte Aenderung in der Kommission des Herrenhauses damit begründet: „es sei dem Charakter der Disciplinarstrafe, wie sie zwischen dem Vater und dem verirrten Kinde zu handhaben sei, widersprechend, wenn ohne alle Noth in die Akten des Ober-Präsidenten die Entscheidungsgründe des erlassenen Disciplinar-Urtheils gebracht, und dadurch die Kenntniß von solchen Verirrungen weiter verbreitet werden, als dies unumgänglich nöthig sei. Ueberdies sei ja die Mittheilung an den Ober-Präsidenten überflüssig geworden, da das Berufungsrecht im öffentlichen Interesse, zu dessen Wahrnehmung jene Mittheilung vorgeschrieben gewesen, weggefallen sei." Ob diese Begründung, namentlich das zuletzt hervorgehobene Moment zutreffend ist, kann hier noch nicht untersucht werden. (Vgl. darüber unten zu Art. 10 Nr. II).

III. Die Durchführung der Staatsaufsicht über die Demeriten-Anstalten.

Der Abs. 3 des Art. 8 hebt in Verbindung mit dem Abs. 1 die schon S. 46 und S. 47 berührten Bestimmungen der citirten §§. 6 und 7 des Gesetzes vom 12. Mai 1873 auf und setzt dafür die Vorschriften der Absätze 2 und 3 an die Stelle.

Er hat aber auch die weitere Bedeutung, daß er durch Nichtanziehung des §. 8 des gedachten Gesetzes:

> „Der Oberpräsident ist befugt, die Befolgung der in den §§. 5–7. enthaltenen Vorschriften und der auf Grund derselben von ihm erlassenen Verfügungen durch Geldstrafen bis zum Betrage von 1000 Thalern zu erzwingen.
>
> Die Androhung und Festsetzung der Strafe darf wiederholt werden, bis dem Gesetze genügt ist.
>
> Außerdem kann die Demeriten-Anstalt geschlossen werden,"

diesen in Geltung gelassen hat, wie ihn auch Rintelen in seiner Textausgabe S. 24 in Uebereinstimmung mit der hier vertretenen Auffassung als in Kraft bestehend anführt (anscheinend derselben Auffassung auch Günther a. a. O. S. 24).

So besteht die offenbar durch die Hast der Berathung herbeigeführte Inkongruenz, daß während der Art. 8 Abs. 1 dem Minister der geistlichen Angelegenheiten die Staatsaufsicht in dem dort näher bezeichneten Umfange überträgt und den Oberpräsidenten ausschließt, nur dem letzteren das Recht belassen ist, die Staatsaufsicht durch Exekutiv-Strafen zur Durchführung zu bringen.

Ferner entsteht die weitere Frage, in welchem Umfange dem Oberpräsidenten diese Befugniß verblieben ist. Da der §. 5 des Gesetzes vom 12. Mai 1873 noch in Geltung steht (s. o. S. 45), so kann der Oberpräsident 1) für die Verhängung einer anderen Freiheitsstrafe als der Verweisung in eine Demeriten-Anstalt, 2) einer solchen Verweisung auf länger als drei Monate, 3) für die Einbringung und Festhaltung des Betroffenen wider seinen Willen in der Anstalt, 4) für die Duldung des letzteren auch mit seiner Zustimmung über drei Monate in der Anstalt (s. o. S. 45. 46) und 5) für die Verweisung in eine außerdeutsche Demeriten-Anstalt androhen.

Für die Befolgung der besonderen, bisher beseitigten Aufsichtsvorschriften (s. oben S. 46 und S. 48) ist dagegen, da diese in §§. 6 und 7 enthalten, also aufgehoben sind, das Recht des Oberpräsidenten entfallen. Daß an Stelle der Anführung dieser letzteren beiden §§ in dem Citat des §. 8 der die jetzigen besonderen Aufsichtsbestimmungen enthaltende Art. 8 Abs. 1 zu treten hat, bestimmt dieser nicht. Man kann aber trotzdem nicht behaupten, daß der Oberpräsident nicht mehr das Recht hat, zur Durchführung der letzteren die ihm beigelegte Exekutiv-Strafbefugniß zu gebrauchen. Die Vorschrift des §. 6: „Die Demeriten-Anstalten sind der staatlichen Aufsicht unterworfen" ist, wie schon oben S. 46 ausgeführt, nicht aufgehoben. Zur Erzwingung der Befolgung dieser Vorschrift ermächtigt noch jetzt der §. 8 den Oberpräsidenten. Soweit also die Staatsaufsicht gesetzlich reicht, d. h. nur soweit sie im Art. 8 Abs. 1 normirt ist, kann daher der Oberpräsident zur Durchführung der betreffenden Bestimmungen Exekutivstrafen verhängen und festsetzen.

Weiter ergiebt sich aus denselben Gründen, daß der Minister der geistlichen Angelegenheiten, denn dazu ist die Befugniß dem Oberpräsidenten nicht übertragen, wegen der Verletzungen des §. 5 und des Artikels 8 Abs. 1 auch noch jetzt befugt ist, die Demeriten-Anstalten zu schließen.

Dagegen hat der Oberpräsident, weil Abs. 2 Art. 8 nicht in das Citat des §. 8 eingeschaltet ist, und seine Vorschriften über die Mittheilung von erfolgten Bestrafungen sich nicht als Ausflüsse der Staatsaufsicht über die Demeriten-Anstalten als solche darstellen, kein Recht mehr, die vorgeschriebenen Anzeigen durch Strafen zu erzwingen.

Artikel 9.

Der Königliche Gerichtshof für kirchliche Angelegenheiten (Abschnitt IV des Gesetzes vom 12. Mai 1873) wird aufgehoben.

Der im Art. 9 nunmehr beseitigte Gerichtshof war zuständig:

1. für die Berufung an den Staat gegen Entscheidungen der kirchlichen Behörden, welche eine Disziplinarstrafe verhängen (§. 10—23 des Gesetzes vom 12. Mai 1873),
2. für die Berufung an den Staat gegen solche Entscheidungen der gedachten Behörden wider Geistliche, gegen welche die Staatsleistungen wieder aufgenommen waren (§§. 6. 7 des Gesetzes vom 22. April 1875),
3. für die Berufung der katholischen Kirchenvorsteher und Gemeindevertreter gegen ihre von der bischöflichen oder staatlichen Behörde verfügte Entlassung (§. 37 des Gesetzes v. 20. Juni 1875),
4. für die Berufung der geistlichen Oberen gegen die vom Minister der geistlichen Angelegenheiten angeordnete Entziehung der Staats-

mittel für geistliche Bildungsanstalten und gegen die Schließung der letzteren (§. 13 des Gesetzes vom 11. Mai 1873),

5. für die Berufung der aus ihrem Amte durch gerichtliches Urtheil entlassenen Geistlichen wegen der gegen sie verhängten Aufenthalts-Untersagung oder Anweisung, Entziehung der Staatsangehörigkeit und Ausweisung aus dem Bundesgebiete (§. 3 des Reichsgesetzes v. 4. Mai 1874),
6. für das Einschreiten des Staates gegen Kirchendiener, deren Verbleiben im Amte mit der öffentlichen Ordnung unverträglich erscheint, (§§. 24 bis 32 des Gesetzes v. 12. Mai 1873),
7. für die Entlassung von Geistlichen aus ihrem Amte, welche, nachdem die Leistungen aus Staatsmitteln für sie wieder aufgenommen waren, ihre Verpflichtungen gegen den Staat von Neuem verletzt hatten (§§. 12. 14 des Gesetzes vom 22. April 1875),

früher auch, d. h. vor dem Gesetze vom 11. Juli 1883 Art. 2 Abs. 1 Nr. 1 und Abs. 2 für die Berufung der geistlichen Oberen gegen die Einspruchserklärung des Oberpräsidenten bei der Anstellung der Kandidaten auf geistliche Aemter und der Lehrer an geistlichen Bildungsanstalten (§§. 10. 12 des Gesetzes vom 11. Mai 1873).

Die Motive rechtfertigen die Beseitigung dieses Gerichtshofes (S. 4) folgendermaßen:

„Diese Behörde ist kirchlicherseits von Anfang an als ein Ausnahmegericht betrachtet, und ihre Wirksamkeit um so härter empfunden worden, als eine gleiche Institution anderwärts nicht besteht.

Faßt man die Zuständigkeit des Königlichen Gerichtshofes für kirchliche Angelegenheiten näher in das Auge, so ist nicht zu verkennen, daß die oben gedachten beiden Fälle (die Motive erwähnen vorher nur der Zuständigkeit zu 1 und 6) einen verschiedenartigen Charakter zeigen.

Bei der Berufung an den Staat handelt es sich um das oberste Aufsichtsrecht des Staates über die Kirchen. Die Ausübung dieses Aufsichtsrechts gebührt der Verwaltung. Demgemäß wird auf die Berufung in allen anderen Ländern von den Verwaltungsbehörden entschieden, so in Bayern, Sachsen, Württemberg, Baden und Hessen. Es wird daher keinem Bedenken unterliegen, auch in Preußen den grundsätzlich richtigen Weg zu betreten und die Entscheidung dem Staatsministerium zu übertragen. (Art. 9.)

Was dagegen das Einschreiten des Staats gegen Kirchendiener betrifft, so ist den Gründen, welche dazu geführt haben, die Entscheidung einer richterlichen Behörde zu übertragen, eine weitergehende Bedeutung nicht abzusprechen. Eine Nothwendigkeit jedoch, hierfür eine besondere Behörde zu bestellen, besteht nicht. Vielmehr wird es zweckmäßig sein, die betreffende Funktion des Königlichen Gerichtshofs für kirchliche Angelegenheiten einem ordentlichen Gericht zu übertragen. Als solches bietet sich das Kammergericht als höchstes Landesgericht für Strafsachen dar. Aber auch dieses kann nur auf Antrag des Oberpräsidenten in Thätigkeit treten.

Fällt hiernach die Zuständigkeit des Königlichen Gerichtshofes für kirchliche Angelegenheiten, welchem bereits durch die Novelle vom 11. Juli 1883 die Entscheidung in dem Einspruchsverfahren unter

Uebertragung dieses Rechtes auf den Minister der geistlichen Angelegenheiten entzogen ist, in allen wesentlichen Dingen fort, so ergiebt sich die Nothwendigkeit seiner Auflösung von selbst. Nur ein Punkt würde noch der Regelung bedürfen, nämlich der Fall des §. 37 im Gesetz vom 20. Juni 1875, und für diesen erscheint es angemessen, die Berufung an den Gerichtshof durch eine Beschwerde an den Minister der geistlichen Angelegenheiten, wie Art. 12 des Entwurfs vorschlägt, zu ersetzen.

Wie die (übrigens nicht vollständig von den Motiven angegebene) Kompetenz des Gerichtshofes begrenzt war, hatte derselbe nur in Angelegenheiten zu befinden, bei welchen es auf Rechtsfragen ankam. Die preußische Gesetzgebung hatte mit der Errichtung des Gerichtshofes den Gedanken einer Rechtsprechung in Sachen des öffentlichen Rechts auch für die staatskirchlichen Verhältnisse praktisch verwirklicht. Diese Maßnahme wird jetzt von den Motiven als eine grundsätzlich unrichtige bezeichnet, und zwar aus dem eigenthümlichen Grunde, daß es sich bei der Berufung an den Staat um das oberste Aufsichtsrecht desselben handele, und diese Ausübung der Verwaltung gebühre. Dabei ist völlig übersehen, daß sich eine nach bestimmten Rechtsnormen zu handhabende Staatsaufsicht sehr wohl durch richterlich organisirte Staatsbehörden ausüben läßt, ja dadurch erst vollkommen gegen jede willkürliche Handhabung gesichert wird. Ferner beweist der Grund auch zu viel, denn durch denselben wird die in vielen deutschen Staaten jetzt eingeführte Verwaltungsgerichtsbarkeit in den Fragen der inneren Verwaltung ebenfalls als eine principienwidrige bezeichnet, und es müßte daher deren Beseitigung in Preußen gleichfalls erstrebt werden.

Nicht minder muß die Bezugnahme auf die staatskirchlichen Gesetzgebungen **Baierns** (v. 1818), **Badens** (v. 1860) und **Württembergs** (v. 1862) für die principielle Richtigkeit der jetzigen gesetzgeberischen Maßregel befremden, da man zu den Zeiten, aus welchen jene Gesetzgebungen herrühren, den Gedanken einer Rechtsprechung in Sachen des öffentlichen Rechtes noch nicht erfaßt hatte, ferner aber das gegenwärtige Gesetz dem preußischen Staat nicht einmal die Rechte vorbehalten hat, welche die in Bezug genommenen Gesetze den betreffenden Staaten verwahren. Kam es doch für Preußen 1873 darauf an, den wegen mangelnder gesetzlicher Ausbildung in den anderen Staaten unpraktischen recursus ab abusu so zu gestalten, daß er ein wirksames Schutzmittel für die Geistlichen und für den Staat gegen etwaige Uebergriffe der kirchlichen Disziplinargewalten werden konnte.

Uebersehen ist endlich, daß das **sächsische** Gesetz von 1876 zum Theil auf Anschauungen beruht, welche von den Grundauffassungen der preußischen Gesetzgebung verschieden sind, und daß das **hessische** Gesetz vom 23. April 1875, den Mißbrauch der geistlichen Amtsgewalt betreffend, Art. 5—9. 12 — ganz abgesehen davon, ob Hessen faktisch in der Lage war, eine besondere Behörde, wie Preußen zu errichten — jede Verletzung der staatlichen Schranken der kirchlichen Disziplinargewalt, abweichend von dem preußischen Gesetz vom 12. Mai 1873, als Kriminalvergehen unter Geld- oder Gefängnißstrafe gestellt hat.

Daß die Behörde kirchlicherseits als Ausnahmegericht betrachtet worden ist, — hätte 1873 das Oberverwaltungsgericht schon existirt, so würde man zweifellos diesem die betreffenden Zuständigkeiten übertragen haben — beweist nichts, denn die katholische Kirche betrachtet jede staatliche Kontrole als ein Uebel. Ueberdies wird man dem jetzt aufgehobenen Gerichtshof das Zeugniß nicht versagen können, daß er sich der ihm zugewiesenen Aufgabe durchaus gewachsen gezeigt hat, und daß er durch seine Entscheidungen in Berufungssachen gegen Urtheile der Disziplinarbehörden der evangelischen Kirche auf eine korrekte Behandlung der Disziplinaruntersuchungen durch diese letzteren einen nur gedeihlichen Einfluß ausgeübt hat.

Die Kardinalfrage, welche die Motive ganz außer Acht lassen, war die, ob der Staat eine Durchführung seiner Gesetze durch eine von jeder politischen Strömung unbeeinflußten, richterlichen, unabhängigen Behörde gesichert wissen wollte, das war der Standpunkt der Staatsregierung im J. 1873, oder ob der recursus ab abusu, wie sich die jetzigen Regierungsmotive ausdrücken (s. o. S. 37), seinen rein judiziären Charakter verlieren, und die Entscheidung darüber als eine Maßregel mehr politischen Charakters in die Hand einer reinen Verwaltungsbehörde gegeben werden sollte, deren Verhalten nothwendig durch die Stellungsnahme zur katholischen Kirche beeinflußt werden muß und unter Umständen dem Rechtsmittel jede Bedeutung nehmen kann.

Von weiteren Erörterungen sehe ich hier ab (vgl. im übrigen P. Hinschius bei Marquardsen a. a. O. S. 306. 321 ff.). Es kam hier nur darauf an, die principielle Bedeutung des Artikels 9 klar zu legen, denn daß man sich bei der herrschenden Strömung seitens der Regierung und der Majorität der Häuser des Landtags für die Verwerfung der im Jahre 1873 vertretenen Anschauungen entscheiden würde, das konnte keinem Zweifel unterliegen.

Ueber die Einwirkungen der Beseitigung des erwähnten Gerichtshofes auf die bisherige kirchenpolitische Gesetzgebung kann hier noch nicht gehandelt werden, [vgl. darüber unten zu Art. 10 Nr. III 3 (S. 60)].

Artikel 10.

Die Bestimmungen des Abschnitts II des Gesetzes vom 12. Mai 1873 über die Berufung an den Staat werden aufgehoben.

Im Fall des §. 37 im Gesetz vom 20. Juni 1875 (Gesetz-Samml. S. 241) findet nur noch Beschwerde an den Minister der geistlichen Angelegenheiten statt.

I. Entstehungsgeschichte des Artikels 10.

Der Regierungs-Entwurf hatte an Stelle dieses Artikels folgende Bestimmungen vorgeschlagen:

„Art. 7: Die Berufung an den Staat findet fortan nur gegen solche Entscheidungen der kirchlichen Behörden statt, welche die Entfernung aus dem kirchlichen Amte verhängen und mit denen zugleich der Verlust oder eine Minderung des Amtseinkommens verbunden ist.

Art. 8: Eine Berufung an den Staat im öffentlichen Interesse (§. 12, Absatz 2 des Gesetzes vom 12. Mai 1873) findet fortan nicht statt.

Art. 9: Ueber die Berufung entscheidet das Staatsministerium.

Art. 10: Wird die Berufung für begründet erachtet, so ist die angefochtene Entscheidung, soweit sie das bürgerliche Rechtsgebiet berührt, insbesondere den Verlust oder eine Minderung des Amtseinkommens einschließt, ohne rechtliche Wirkung.

Die Entscheidung des Staatsministeriums ist im Verwaltungswege vollstreckbar.

Art. 11: Die Bestimmungen über das Verfahren werden durch Königliche Verordnung getroffen.

Art. 12: Im Fall des §. 37 im Gesetz vom 20. Juni 1875 (Gesetz-Sammlung S. 241) findet fortan nur noch Beschwerde an den Minister der geistlichen Angelegenheiten statt.

Art. 13: In den Fällen des §. 24 im Gesetz vom 12. Mai 1873 (Artikel 1 des Gesetzes vom 14. Juli 1880, GS. S. 285), sowie des §. 12 im Gesetz vom 22. April 1875 (GS. S. 194) ist fortan das Kammergericht, als höchstes Landesgericht für Strafsachen, zur Verhandlung und Entscheidung zuständig. Für das Verfahren verbleibt es bei den Bestimmungen des Abschnitts III im Gesetz vom 12. Mai 1873.

Art. 14: Die am Tage des Inkrafttretens dieses Gesetzes bei dem Königlichen Gerichtshof für kirchliche Angelegenheiten anhängigen Sachen gehen in der prozessualischen Lage, in welcher sie sich befinden, auf das Staatsministerium über, soweit eine Zuständigkeit desselben nach den Vorschriften des gegenwärtigen Gesetzes begründet ist".

Von der Kommission des Herrenhauses ist dagegen diesen Artikeln folgende Fassung gegeben worden (Bericht S. 18 ff. S. 43):

„Art. 7 bis 14: Die Bestimmungen des Abschnitts II des Gesetzes vom 12. Mai 1873 werden aufgehoben, insoweit nicht Entscheidungen kirchlicher Behörden in Frage stehen, welche die Entfernung aus dem kirchlichen Amte verhängen, und mit denen zugleich der Verlust oder eine Minderung des kirchlichen Amtseinkommens verbunden ist.

Die Entscheidung steht dem Staatsministerium zu. Sie erfolgt nur auf Antrag des Betroffenen und beschränkt sich auf die vermögensrechtlichen Wirkungen. Die Vollstreckung erfolgt im Verwaltungswege.

Die Bestimmungen über das Verfahren werden durch Königliche Verordnung getroffen.

Im Fall des §. 37 im Gesetz vom 20. Juni 1875 (GS. S. 241) findet nur Beschwerde an den Minister der geistlichen Angelegenheiten statt.

Die am Tage des Inkrafttretens dieses Gesetzes bei dem Königlichen Gerichtshof für kirchliche Angelegenheiten anhängigen Sachen gehen in der prozessualischen Lage, in welcher sie sich befinden, auf das Staatsministerium über, soweit eine Zuständigkeit desselben nach den Vorschriften des gegenwärtigen Gesetzes begründet ist.

Insoweit vorstehend nicht an Stelle des Königlichen Gerichtshofs für kirchliche Angelegenheiten das Staatsministerium oder der Minister der geistlichen Angelegenheiten zur Entscheidung berufen sind, bleibt die Regelung des weiter Erforderlichen der Anordnung des Königs vorbehalten."

Die Regierungs- und die Kommissions-Vorlage stimmten demnach darin überein:

1. daß sie die Berufung an den Staat (recursus ab abusu) in der ihr durch das Gesetz vom 12. Mai 1873 gegebenen Gestaltung lediglich für den Fall beibehalten wollten, daß die anzufechtende Disziplinar-Entscheidung auf eine Entfernung aus dem Amte, welche zugleich mit dem Verlust oder der Minderung des Amtseinkommens verbunden war (ob die Herrenhaus-Kommission mit der Hinzufügung des Wortes: kirchlichen zu Amtseinkommen das etwa aus Staatsmitteln gewährte Amtseinkommen hat ausschließen wollen, ist nicht ersichtlich und kann, weil praktisch bedeutungslos, dahin gestellt bleiben),
2. daß sie die Erhebung der Berufung allein dem von der Disziplinar-Maßregel Betroffenen zugestehen, und die nach §. 12 des Gesetzes dem Oberpräsidenten im öffentlichen Interesse zustehende Berufung ausschließen wollten,
3. daß über die Berufung statt des beseitigten Gerichtshofes das Staatsministerium entscheiden,
4. daß das Verfahren durch Königliche Verordnung bestimmt,
5. die angefochtene Entscheidung im Falle einer für begründet erachteten Berufung nur hinsichtlich der vermögensrechtlichen Folgen Wirkungen äußern und im Verwaltungswege vollstreckt werden sollte,

sie wichen aber darin von einander ab,

daß die Regierungsvorlage für die Unfähigkeitserklärung eines Geistlichen zur ferneren Bekleidung seines Amtes (s. o. S. 50 unter Nr. 6 und 7) an Stelle des beseitigten Gerichtshofes für kirchliche Angelegenheiten das Kammergericht setzen, die Herrenhaus-Kommission aber die Ausfüllung dieser Lücke der Anordnung des Königs überlassen wollte.

Ueber die Entstehung dieser Abweichung ergiebt der Kommissionsbericht Folgendes. In der ersten Lesung wurde bemerkt (S. 21): „daß von kirchlicher Seite die im §. 14 (soll heißen §. 24) und im §. 12 des Gesetzes vom 22. April 1875 in Anspruch genommenen Rechte nicht anerkannt werden könnten, und daß man daher nicht dabei mitwirken könne, die Ausübung dieser Rechte auf ein anderes Gericht zu übertragen. Die katholischen Mitglieder der Landesgesetzgebung könnten einem Gesetze, welches diese Bestimmungen treffe, nicht zustimmen. Es wurde daher, da es doch auch dem Staate erwünscht sein müsse, dieses Gesetz unter Mitwirkung der Katholiken zu Stande kommen zu sehen, beantragt den Artikel 13 (s. o. S. 53) zu streichen.

Von anderer Seite wurden diese Bedenken nicht für begründet erklärt (S. 22 des Berichtes): „Um jedoch der Besorgniß abzuhelfen, welche darin gefunden werden könnte, selbst positiv dazu mitzuwirken, einen anderen Gerichtshof an Stelle des kirchlichen Gerichtshofes zu setzen, wolle man in der Weise den geltend gemachten Wünschen entgegenkommen, daß man beantrage im Falle der Streichung des Artikels 13 an dessen Stelle zu setzen:

„Soweit über die bisherige Zuständigkeit des Gerichtshofes nicht nachfolgend Bestimmung getroffen ist, kann durch Königliche Verordnung dieselbe auf eine andere Behörde des Staates übertragen und das Verfahren geordnet werden."

„Eine solche Bestimmung könne dem Staatsinteresse genügen, da zur Zeit nicht anzunehmen sei, daß der Staat Veranlassung haben werde, auf Grund des §. 24 im Gesetze vom 12. Mai 1873 oder des §. 12 im Gesetze vom 22. April 1875 vorzugehen; es möge sich auch zur Zeit nicht vollständig erkennen lassen, welche Behörde dazu wohl die geeignetste sein werde. Es sei daher nicht unbedingt nothwendig, schon jetzt eine Bestimmung darüber zu treffen, welche Behörde in die hier fraglichen Funktionen des kirchlichen Gerichtshofes trete. Es empfehle sich deshalb, die Regelung dieser Frage im Wege der Königlichen Verordnung eintreten zu lassen, welche ja sofort, wie das Bedürfniß eintrete, unter gleichzeitiger Normirung des Verfahrens diejenige Behörde bestimmen könne, welche zuständig sein solle."

„Dieser Vorschlag, welcher auch von dem Herrn Minister der geistlichen Angelegenheiten als annehmbar bezeichnet wurde, fand in der Kommission vielfache Zustimmung. Er wurde bei der Abstimmung mit 10 gegen 2 Stimmen angenommen."

In der zweiten Lesung wurde vorgeschlagen, statt: „Königliche Verordnung" „Anordnung des Königs" zu setzen,

(S. 24) „welche auch den Weg der Verhandlung mit den Kirchenoberen in sich begreife und erklärt, daß man, falls nicht die Fassung: Anordnung des Königs beibehalten werden sollte, lieber ganz auf Aufhebung des königlichen Gerichtshofes in gegenwärtigem Gesetz verzichten möchte und vorschlagen würde, Artikel 6 und Artikel 13 des Gesetzes zu streichen, in welchem Falle ja die Aufhebung des Königlichen Gerichtshofes für kirchliche Angelegenheiten in einem späteren Gesetze erfolgen könne."

„Zur Begründung der mehrfach angegriffenen Fassung: Anordnung des Königs wurde weiter ausgeführt, das Staatsinteresse sei jedenfalls vollständig gewahrt, wenn das Auszuführende in die Machtbefugniß des Landesherrn gelegt sei. Es verstehe sich von selbst, daß in einem konstitutionellen Staate nicht von den feststehenden allgemeinen Grundsätzen abgegangen werde. Es sei daher nicht zu denken, daß der König selbst eine richterliche Entscheidung treffe, sondern entweder eine Behörde mit der Zuständigkeit bekleiden, oder aber vorher den Weg der Verhandlung mit den Oberen des betreffenden Religionsdieners beschreiten werde, was ja um so mehr zulässig sei, als das Einschreiten doch wesentlich einen disciplinaren Charakter habe. Die Kommission schloß sich in ihrer Mehrheit diesen Ausführungen an, und nahm nach Ablehnung aller anderen Anträge den die Regelung im Wege der Anordnung des Königs bestimmenden Antrag mit 14 gegen 4 Stimmen an."

In Folge dessen ist die Kommissions-Vorlage in der oben S. 53 mitgetheilten Gestalt dem Plenum des Herrenhauses unterbreitet worden.

Schon in der Kommission war ein Antrag vom Bischof Dr. Kopp gestellt worden, welcher dem Abs. 1 des jetzigen Artikels 10 entsprach, und dafür angeführt (S. 18 des Berichtes) „daß die katholische Kirche stets principiell die Berufung von den kirchlichen Entscheidungen an die weltliche Gewalt verworfen und diejenigen, welche eine solche einlegen, unter Kirchenstrafen gestellt habe. Dieser principielle Standpunkt könne nicht aufgegeben werden." Der gedachte Antrag ist von dem genannten Bischof im Plenum (Nr. 77 der citirten Drucksachen, vgl. auch stenograph. Berichte S. 145 und Nr. 54 der Drucksachen) wieder eingebracht und ist hier, ohne daß er näher motivirt worden wäre (s. stenograph. Berichte S. 174. 216) mit 116 gegen 49 Stimmen angenommen worden, womit alle Absätze der Kommissionsvorlage bis auf Abs. 4 beseitigt waren. Der Artikel 10, wie er Gesetz geworden ist, setzt sich also aus dem Antrag Dr. Kopp und dem Art. 12 der Regierungsvorlage zusammen.

II. Die Kontrolen über die Beobachtung der §§. 2—5 des Gesetzes vom 12. Mai 1873 als Ersatzmittel der fortgefallenen Berufung.

Art. 10 Abs. 1 beseitigt in seiner jetzigen Fassung die Berufung an den Staat (recursus ab abusu), wie sie in den §§. 10–23 des Gesetzes vom 12. Mai 1873 gestaltet war, und hebt damit die erwähnten §§ auf.

Wenn Günther S. 22 bemerkt, daß, weil durch eine lange Reihe von Jahren von der Berufung in sehr wenigen Fällen wirklich Gebrauch gemacht worden, zuzugeben sein werde, daß kein ausreichender praktischer Grund zur ferneren Beibehaltung eines Rechtsschutzes vorgelegen habe, der gerade von den Betheiligten durch dauernden Nichtgebrauch zurückgewiesen worden ist, so scheinen ihm die Publikationen in Hartmanns Zeitschrift für öffentliches Recht und in Dove und Friedberg, Zeitschrift für Kirchenrecht entgangen zu sein, welche beweisen, daß man jedenfalls seitens der Geistlichen der evangelischen Kirche das gewährte Mittel hinreichend benutzt hat, und ferner ist dabei übersehen, daß schon die gesetzliche Gewährung eines derartigen Rechtsschutzes, namentlich wenn das Rechtsmittel auch im öffentlichen Interesse eingelegt werden kann, etwaigen Auswüchsen der Handhabung der kirchlichen Disziplin gewisse moralische Schranken setzt.

Ist nunmehr — diese Frage muß aufgeworfen werden — in Folge des Art. 10 Abs. 1 jedes Recht der staatlichen Kontrole über die Ausübung der kirchlichen Disziplinargewalt beseitigt?

Diese Frage ist zu verneinen, denn Abs. 1 bezieht sich nur auf die §§. 10—23 des Gesetzes vom 12. Mai 1873.

Nach den noch geltenden §§. 3. 4. 5 des Gesetzes vom 12. Mai 1873 in Verbindung mit dem durch Art. 7 dieses Gesetzes geänderten §. 2 (s. oben S. 39) ist:

1. die körperliche Züchtigung als Disziplinarstrafe und als Zuchtmittel (also in den Demeriten-Anstalten) ganz (§. 3),
2. die Strafe der Freiheitsentziehung in jeder andern Gestalt als der Verweisung in eine deutsche Demeriten-Anstalt auf drei Monate ausgeschlossen (§. 5),
3. die Verhängung von Geldstrafen blos bis zum Betrage von 90 Mark oder des etwa höheren einmonatlichen Amtseinkommens gestattet (§. 4),

4. dürfen die zu 2 und 3 gedachten Strafen allein nach Anhörung des Beschuldigten (§. 2 Abs. 1),
5. die Entfernung aus dem Amte in dem o. S. 41 ff. gedachten Sinne, d. h. falls mit ihr ein Verlust oder eine Minderung des Amtseinkommens verbunden ist, nur nach stattgehabten ordnungsmäßigen prozessualischem Verfahren verfügt werden.

Wenn bei der Verhängung einer Disziplinarstrafe gegen diese Vorschriften verstoßen worden ist, so ist dieselbe nach staatlichem Recht nichtig, d. h. sie hat weder für das staatliche noch kirchliche Gebiet Rechtswirkung, und ein auf die erwähnte Weise aus dem Amte entfernter Pfarrer behält alle seine früheren kirchlichen und staatlichen Amtsrechte.

1. Vollstreckbarkeitserklärung kirchlicher Disziplinar-Entscheidungen. Die Staatsbehörden haben daher in solchen Fällen jede Mitwirkung bei der Vollstreckung derartig nichtig verhängter Disziplinarstrafen zu versagen. Insbesondere hat der Oberpräsident, (vgl. §. 9 des cit. Gesetzes):

> „Eine Vollstreckung kirchlicher Disziplinar-Entscheidungen im Wege der Staatsverwaltung findet nur dann statt, wenn dieselben von dem Oberpräsidenten nach erfolgter Prüfung der Sache für vollstreckbar erklärt worden sind"

in allen solchen Fällen die Vollstreckbarkeitserklärung zu verweigern, und ferner auch, da ihm das Gesetz die Prüfung der Entscheidung nach dem staatlichen Rechte (vgl. P. Hinschius Kirchengesetze v. 1873 S. 61 Anm. 4 und preuß. Kirchenrecht S. 171 N. 18) übertragen hat, sich zu vergewissern, ob die gedachten Erfordernisse innegehalten sind. Da er dazu auf Grund der ihm nach Art. 8 Abs. 2 (s. oben S. 48) zu machenden Mittheilungen der kirchlichen Behörden nicht mehr im Stande ist, so wird er zunächst von den letzteren die näheren Nachweisungen zu fordern haben. Falls ihm dieselben verweigert werden, muß er stets die Vollstreckbarkeitserklärung ablehnen, weil er diese erst nach erfolgter Prüfung ertheilen darf, und die kirchlichen Behörden ihm eine solche in dem gedachten Falle unmöglich machen.

2. Die staatliche Kontrole der Verwaltungsbehörden über die kirchlichen Disziplinar-Entscheidungen. Die Vorschriften, welche die vorhin citirten §§ 2—5 aufstellen, sind Ausflüsse des staatlichen ius circa sacra. Der Staat übt das letztere nicht blos als Recht, sondern auch als Pflicht, da er darüber zu wachen hat, daß seine Gesetze beobachtet werden.

Daraus folgt, daß die Staatsbehörde, d. h. vor Allem der Oberpräsident, welcher mit der Wahrnehmung des ius circa sacra über die katholische Kirche betraut ist, s. Dienstinstruktion für die Provinzial-Konsistorien vom 23. Oktober 1817 § 4 (GS. S. 237) und Dienstinstruktion für den Oberpräsidenten vom 31. Dezember 1825 § 2 (GS. v. 1826 S. 1), vgl. auch den angeführten §. 9, darüber zu wachen hat, daß die kirchlichen Behörden bei ihren Disziplinaruntersuchungen die gesetzlich bestehenden Schranken innehalten. Diese Aufsicht ist ihm allerdings durch die Beseitigung des §. 7 (s. S. 48) jetzt erheblich erschwert. Der an die Stelle des letzteren getretene Art. 8 Abs. 2 hat die kirchlichen Oberen von der Pflicht entbunden ihm ausreichendes Material dazu an die Hand zu geben, und er besitzt jetzt keine Zwangsmittel mehr, die ersteren zu den erforderlichen Mittheilungen zu zwingen. Es bleibt aber immer möglich, daß er durch Anzeigen des von der Disziplinar-Entscheidung Betroffenen oder dritter Personen Kenntniß von Verletzung der gedachten Vorschriften erhält. Er wird dann jedenfalls insofern einzuschreiten berechtigt und verpflichtet sein, als er den kirchlichen Oberen zu eröffnen hat, daß die Disziplinar-Entscheidung staatlich als nichtig betrachtet werde, und nöthigenfalls auf Anrufen des Betroffenen im Wege der Administrativexekution den letzteren in seinen Rechten, z. B. den aus dem Amte Entfernten im Besitze desselben, z. B. des Pfarrhauses, der Pfarräcker u. s. w. zu schützen haben.

Aus vorstehenden Ausführungen ergiebt sich, daß der Bischof Dr. Kopp und die ihm folgende Majorität der Häuser des Landtages sich getäuscht haben, wenn sie glaubten, daß durch Art. 10 Abs. 1 jedes staatliche Einschreiten, sei es von amtswegen, sei es auf Anrufen des Betheiligten gegen kirchliche Disziplinar-Entscheidungen ausgeschlossen werden würde. Gesetzlich verboten ist ein solches durch Art. 10 Abs. 1 nicht, sondern nur der recursus ab abusu in seiner sorgsamen Ausgestaltung durch das Gesetz vom 12. Mai 1873 beseitigt worden. Ja während früher nur ein unabhängiger Gerichtshof kirchliche Disziplinar-Entscheidungen für nichtig erklären konnte (P. Hinschius 1873 S. 65), ist jetzt jede Verwaltungsbehörde, sobald sie mit der Frage befaßt wird, namentlich der Oberpräsident, dazu befugt.

3. Die Zuständigkeit der Gerichte in Betreff der Prüfung der kirchlichen Disziplinar-Entscheidungen. Nach Maßgabe der K.O. vom 19. Juni 1836 (GS. S. 198) und des Gesetzes betr. die Erweiterung des Rechtsweges vom 24. Mai 1861 §. 1 (GS. S. 241) ist für die Geistlichen der Weg der Klage auf die ihnen zustehenden Abgaben und Stolgebühren gegeben. Ebenso wird man annehmen müssen, daß ihnen in Bezug auf ihr Gehalt oder ihre vermögensrechtlichen Ansprüche aus dem Amte nach Analogie der Staatsbeamten der Rechtsweg gegen ihre Oberen offen steht. Der Geistliche kann ferner in die Lage kommen, Nutzungsrechte, Servituten, Zins-Ansprüche kraft des ihm an der Substanz seines Amtseinkommens zufolge seiner amtlichen Stellung zustehenden Rechtes vor den Gerichten geltend zu machen. In allen Fällen, in denen ein durch eine kirchliche Disziplinarbehörde abgesetzter Geistlicher dergleichen Rechte klageweise verfolgt, hat das Civilgericht die kirchliche Disziplinar-Entscheidung zu beachten. Denn der Kirche ist als Anstalt des öffentlichen Rechts die Disziplinargewalt über ihre Beamten staatlicherseits zugesichert, und soweit sie diese innerhalb der ihr für die Ausübung gesetzten Schranken handhabt, ist daher die Nachprüfung der betreffenden Entscheidung den Civilgerichten entzogen. Die Kontrole, ob diese Grenze eingehalten war, hat seit dem Gesetze vom 12. Mai 1873 ein einziger, der jetzt beseitigte Gerichtshof für kirchliche Angelegenheiten, ausgeübt. Hatte dieser die Berufung (den recursus ab abusu) gegen eine Disziplinar-Entscheidung zurückgewiesen, oder war das Rechtsmittel bei ihm nicht eingelegt, so stand fest, daß diese eine staatlich gültige war, und das Civilgericht mußte diese Auffassung seiner Entscheidung zu Grunde legen (vgl. P. Hinschius, preuß. Kirchenrecht S. 122 Anm. 20). Mit der Beseitigung des Gerichtshofes und der durch denselben in dieser Hinsicht geübten Kontrole, ist nun zwar die Bindung des Civilgerichtes an die Disziplinar-Ent-

scheidung der kirchlichen Behörde im Princip nicht entfallen. Da indessen für dasselbe blos Disziplinar-Entscheidungen maßgebend sind, wenn sie innerhalb der Grenzen der anerkannten Disziplinargewalt staatlich gültig erlassen sind, so braucht und kann das Gericht nicht vor staatlich nichtigen Disziplinar-Entscheidungen Halt machen, es muß vielmehr seinerseits prüfen, ob eine nach Maßgabe der §§. 2—5 staatlich gültige Disziplinar-Entscheidung vorliegt. Wenn also z. B. von dem geistlichen Oberen dem sein Gehalt einklagenden Geistlichen der Einwand entgegen gesetzt wird, Kläger sei disziplinarisch aus dem Amte entfernt, und der letztere die Replik geltend gemacht, es sei dies zuwider Art. 7 ohne ordentliches prozessualisches Gehör geschehen, also seine Amtsentsetzung nichtig, so muß, nach Lage der neuen Gesetzgebung, das Gericht die Disziplinar-Entscheidung in dieser Hinsicht seiner Prüfung unterziehen.

Der weitere Erfolg des Amendements Dr. Kopp, welcher demselben und seinen Anhängern wohl schwerlich gegenwärtig gewesen ist, besteht demnach darin, daß statt der einheitlichen Kontrole des Gerichtshofes für kirchliche Angelegenheiten jetzt in allen Civilsachen, in welchen die Gültigkeit einer kirchlichen Disziplinar-Entscheidung nach Maßgabe der §§. 2 ff. des früheren Gesetzes in Frage kommt, jedes Civilgericht über die Beobachtung derselben zu befinden hat.

4. Das Straf- und Zuchtmittelgesetz vom 13. Mai 1873 als Ersatz für die fortgefallene Berufung. Die beseitigte Berufung an den kirchlichen Gerichtshof konnte nach §. 10 Nr. 4 des Gesetzes vom 12. Mai 1873 eingelegt werden, wenn die Strafe verfügt war:

a) wegen einer Handlung oder Unterlassung, zu welcher die Staatsgesetze oder die von der Obrigkeit innerhalb ihrer Zuständigkeit erlassenen Anordnungen verpflichten,

b) wegen Ausübung oder Nichtausübung eines öffentlichen Wahl- und Stimmrechts.

Das citirte Gesetz vom 13. Mai 1873 §§. 2. 5 bestraft Geistliche und andere Beamte einer Kirche, welche an sich gesetzlich zulässige Straf- oder Zuchtmittel wegen solcher Handlungen verhängen.

Dieses Gesetz bezieht sich auch trotz seines §. 6 auf die Verhängung von Disziplinarstrafen gegen Kirchendiener, da das Gesetz v. 12. Mai 1873 die Ausübung der Disziplinargewalt nur mit weiteren Schranken als die Ausübung der allgemeinen Straf- und Zuchtgewalt hat umgeben wollen, (s. P. Hinschius, Kirchengesetze 1873 S. 40 u. S. 66 und preuß. Kirchenrecht S. 111 N. 83 u. S. 122 N. 20; Entsch. des ehem. Ober-Tribunals Str. Sen. I. Abth. v. 28. Januar 1876, Entsch. d. T. S. 344).

Die Verhängung jeder an sich zulässigen Disziplinarstrafe gegen Geistliche unterliegt demnach in den erwähnten Fällen der kriminalrechtlichen Bestrafung nach §. 5 des Gesetzes vom 13. Mai 1873.

Ferner ist aber auch — und das folgt aus dem strafrechtlichen Verbot — die Verhängung einer solchen Disziplinarstrafe, d. h. die sie aussprechende Entscheidung, nichtig. Nach dem Gesetze v. 12. Mai 1873 war diese Nichtigkeit durch den Gerichtshof für kirchliche Angelegenheiten festzustellen. Diese Möglichkeit ist jetzt fortgefallen, aber damit ist selbstverständlich nicht gesetzlich festgestellt, daß eine solche Disziplinar-Entscheidung gültig ist, vielmehr kann sie jetzt nach Maßgabe des zu II unter Nr. 2 und 3 Bemerkten von den Verwaltungsbehörden (also namentlich dem Oberpräsidenten) und von den Civilgerichten als nichtig behandelt werden.

III. Anderweite Regelung der früheren Zuständigkeiten des beseitigten Gerichtshofes für die kirchlichen Angelegenheiten.

1. Kirchenvorsteher und Gemeindevertreter. Art. 10 Abs. 2 überträgt die o. S. 49 unter Nr. 3 gedachte Zuständigkeit auf den Minister der geistlichen Angelegenheiten. Demnach muß der §. 37 des Gesetzes vom 20. Juni 1875 jetzt folgendermaßen gefaßt werden:

„Die Entlassung eines Kirchenvorstehers oder eines Gemeindevertreters erfolgt:

1. wegen Verlustes einer zur Wählbarkeit erforderlichen Eigenschaft;
2. wegen grober Pflichtwidrigkeit.

In dem letzteren Falle kann die Wahlberechtigung dauernd oder auf Zeit entzogen werden.

Die Entlassung kann sowohl von der bischöflichen Behörde, als auch von dem Regierungspräsidenten (Landdrosten) nach Anhörung des Beschuldigten und des Kirchenvorstandes verfügt werden. Gegen die Entscheidung steht dem Beschuldigten binnen einer Ausschlußfrist von vier Wochen nach erfolgter Zustellung die Beschwerde an den Minister der geistlichen Angelegenheiten zu. Die Beschwerde kann auf neue Thatsachen und Beweise gegründet werden."

Wenn Rintelen a. a. O. S. 55 es zweifelhaft findet, ob nicht mit der Berufung auch die Bestimmung über die Ausschlußfrist beseitigt ist, so erscheint dieser Zweifel vollkommen unbegründet. Abs. 2 setzt an Stelle der Berufung nur die Beschwerde, und es ist nicht nothwendig durch das Wesen der Beschwerde bedingt, daß sie ohne jede Ausschlußfrist stets zu jeder beliebigen Zeit erhoben werden kann. Ueberdies erfordert die fragliche Angelegenheit, da die Entscheidung für die Wahl eines Ersatzmannes präjudizirlich ist, eine Erledigung in angemessener Zeit.

Ganz beseitigt ist dagegen der letzte Absatz des citirten §. 37:

„Im Uebrigen finden die Vorschriften der §§. 13. bis 23. des Gesetzes vom 12. Mai 1873. sinngemäße Anwendung."

da die hier angezogenen §§. zu den durch Art. 10 Abs. 1 (s. o. S. 52) aufgehobenen gehören. In Folge dessen läßt sich jetzt die Frage aufwerfen, ob die Beschwerde, wie früher die Berufung (s. den aufgehobenen §. 14), Suspensiv-Wirkung hat. Dies muß bejaht werden, denn ganz abgesehen davon, daß eine Aenderung des früheren Rechtes in dieser Hinsicht kein Bedürfniß war und nicht direkt ausgesprochen worden ist, handelt es sich hier um einen Fall, in welchem der Betheiligte schwer betroffen wird, und die sofortige Vollstreckung, namentlich die Wahl eines Ersatzmannes praktisch vor der definitiven Entscheidung nicht gut möglich ist, weil es immer fraglich bleiben würde, ob das provisorische Vorgehen nicht der Nichtigkeit unterliegt.

2. Direkt beseitigte Zuständigkeiten des früheren kirchlichen Gerichtshofes. Zu diesen gehört:

a) die Berufung an den Staat (recursus ab abusu) in Gemäßheit der §§. 13 ff. des Gesetzes vom 12. Mai 1873 (o. S. 49 Nr. 1),

b) die Berufung der geistlichen Oberen wegen Vorenthaltung von Staatsmitteln (s. o. S. 49 Nr. 4) für die o. S. 22 gedachten geistlichen Bildungsanstalten oder wegen Schließung derselben, weil insoweit der §. 13 des Gesetzes vom 11. Mai 1873 durch Artikel 5 aufgehoben ist.

3. Die nicht berücksichtigten früheren Zuständigkeiten des kirchlichen Gerichtshofes. Die bisherigen Ausführungen werden schon zur Genüge dargethan haben, mit welcher geringen Kenntniß der früheren staatskirchlichen Gesetzgebung und mit welcher Flüchtigkeit die Herrenhaus-Kommission und die Majorität der beiden Häuser bei der Gestaltung des vorliegenden Gesetzes vorgegangen sind, und bedürfte es noch einer weiteren Erhärtung für diesen Vorwurf, so bietet ihn der Umstand, daß man mit der Beseitigung des Gerichtshofes für kirchliche Angelegenheiten eine Lücke gerissen hat, und man trotzdem, daß die Regierungsvorlage, welche schon den Gerichtshof beseitigen wollte, es sich hatte angelegen sein lassen, diese Lücke auszufüllen, der letzteren auf diesem Wege nicht gefolgt ist.

Die Fälle, in denen diese eigenthümliche gesetzgeberische Behandlung eine Leere geschaffen hat, sind folgende:

a) §. 24 des Gesetzes vom 12. Mai 1873 bestimmt in der Aenderung durch das Gesetz vom 14. Juli 1880:

„Gegen Kirchendiener, welche die auf ihr Amt oder ihre geistlichen Amtsverrichtungen bezüglichen Vorschriften der Staatsgesetze oder die in dieser Hinsicht von der Obrigkeit innerhalb ihrer gesetzlichen Zuständigkeit getroffenen Anordnungen so schwer verletzen, daß ihr Verbleiben im Amte mit der öffentlichen Ordnung unverträglich erscheint, kann auf Antrag der Staatsbehörde durch gerichtliches Urtheil auf Unfähigkeit zur Bekleidung ihres Amtes erkannt werden.

Die Aberkennung der Fähigkeit zur Bekleidung des Amts hat den Verlust des Amtseinkommens zur Folge."

Nach §. 32 des cit. Gesetzes war der kirchliche Gerichtshof zur Verhandlung und Entscheidung dieser Angelegenheiten zuständig. Eine Bestimmung, welches Gericht jetzt diese Funktionen ausüben soll, enthält das Gesetz nicht. Auf die Anfrage des Abg. Dr. Virchow an den Justizminister, welches Gericht nunmehr die Kirchendiener aus dem Amte zu entlassen habe (stenogr. Berichte des Abg. H. S. 2009), ist keine Antwort erfolgt. Im Herrenhause hat allein der Abgeordnete Dr. Beseler die Frage (stenogr. Ber. S. 182) einer näheren Besprechung unterzogen und sich dahin geäußert: „wenn ein gerichtliches Verfahren vorgeschrieben wird, und es ist kein Ausnahmegericht vorhanden, dann tritt das ordentliche Gericht ein, und zwar im vorliegenden Fall das Landgericht am Bischofssitz."

Gegen diese letztere Ansicht hat sich schon Günther (a. a. O. S. 25. 26) freilich ohne ausreichende Begründung erklärt. Und in der That kann sie, so wünschenswerth es wäre, wenn auf diesem Wege die Lücke ergänzt werden könnte, gegenüber den bestehenden Gesetzesbestimmungen über die Zuständigkeiten der Gerichte, insbesondere der Landgerichte, nicht als haltbar bezeichnet werden.

Das Landgericht als solches hat weder nach den Reichsjustizgesetzen, noch nach dem preußischen Ausführungsgesetz zum deutschen Gerichtsverfassungsgesetz vom 24. April 1878 §§. 37. 42 (G.S. S. 230) irgend eine Zuständigkeit. Es kann sich nur um die Competenz der Civil- oder der Strafkammer der Landgerichte handeln, denn blos für die einen oder anderen ist die Zuständigkeit durch die Reichs- und Partikulargesetzgebung geregelt.

Wenn man es nun auch weiter nicht betonen will, daß es im §. 24 an einer Bestimmung darüber fehlt, ob unter dem gerichtlichen Urtheil das einer Civil- oder Strafkammer zu verstehen ist, so kommt vor Allem in Betracht, daß weder in den Reichs- noch in den preußischen Gesetzen über die Zuständigkeit der Gerichte der Grundsatz ausgesprochen ist, daß überall, wo ein gerichtliches Urtheil gesetzlich vorausgesetzt wird, in Ermangelung einer besonderen Bestimmung das ordentliche also das Landgericht, sei es die Civil- oder Strafkammer, subsidiär einzutreten hat. Vielmehr ist die Zuständigkeit beider nur nach speziell bestimmten Kategorien geregelt.

Zweifellos wird man die Entfernung eines Kirchendieners aus seinem Amte nicht zu den bürgerlichen Rechtsstreitigkeiten im Sinne des §. 70 der R. Ger. Verf. Ges. rechnen können. Es bliebe daher blos die Strafkammer als zuständige Behörde übrig. Zu den Vergehen im Sinne des §. 73 Nr. 1 des deutschen Gerichtsverfassungsgesetzes gehört aber das im §. 24 des Gesetzes vom 12. Mai 1873 bedrohte Verhalten eines Kirchendieners ebenfalls nicht. Ebensowenig wie ohne weiteres für die staatlichen Disziplinarstrafsachen in Folge der Beseitigung der ehemals zuständigen Gerichte die Strafkammern der Landgerichte treten konnten, es vielmehr einer besonderen Regelung (vgl. Gesetz vom 9. April 1879, G.S. S. 345) bedurft hat, weil sich das Gerichtsverfassungsgesetz auf die gedachten Strafsachen nicht bezieht, (s. Löwe, Strafprozeßordnung 4. Aufl. S. 30), kann die Competenz des beseitigten kirchlichen Gerichtshofes jetzt von selbst in die Zuständigkeit der Strafkammer fallen, und das umsoweniger als nach §. 3 der Reichs-Str.Proz.Ordnung diese letztere nicht einmal für das Verfahren zur Anwendung kommen könnte, (vgl. a. a. O. S. 162 Anm).

Daraus folgt, daß es kein Gericht giebt, welches das im §. 24 vorgesehene Urtheil auszusprechen und die dazu erforderlichen Verhandlungen zu veranlassen zuständig ist, d. h.

die §§. 24—31 des Gesetzes vom 12. Mai 1873 über die staatliche Entfernung eines Kirchendieners aus seinem Amte sind zwar nicht gesetzlich aufgehoben, aber ihre Anwendbarkeit ist faktisch auf so lange suspendirt, bis auf dem Wege der Gesetzgebung wieder eine gerichtliche Behörde für das gedachte Verfahren und das gedachte Urtheil für zuständig erklärt worden ist.

Diese Suspension des §. 24 hat aber noch eine weitere Tragweite. Das Reichsgesetz, betr. die Verhinderung der unbefugten Ausübung von Kirchenämtern, vom 4. Mai 1874. (RGBl. S. 43) bestimmt:

„§. 1. Einem Geistlichen oder anderen Religionsdiener, welcher durch gerichtliches Urtheil aus seinem Amte entlassen worden ist und hierauf eine Handlung vornimmt, aus welcher hervorgeht, daß er die Fortdauer des ihm entzogenen Amtes beansprucht, kann durch Verfügung der Landespolizeibehörde der Aufenthalt in bestimmten Bezirken oder Orten versagt oder angewiesen werden.

„Besteht die Handlung desselben in der ausdrücklichen Anmaßung des Amtes, oder in der thatsächlichen Ausübung desselben, oder handelt er der gegen ihn ergangenen Verfügung der Landespolizeibehörde zuwider, so kann er seiner Staatsangehörigkeit durch Verfügung der Centralbehörde seines Heimathsstaats verlustig erklärt und aus dem Bundesgebiete ausgewiesen werden.

„§. 2. Die Vorschriften des §. 1 finden auch auf diejenigen Personen Anwendung, welche wegen Vornahme von Amtshandlungen in einem Kirchenamte, das den Vorschriften der Staatsgesetze zuwider ihnen übertragen, oder von ihnen übernommen ist, rechtskräftig zu Strafe verurtheilt worden sind.

„§. 3. In der Verfügung (§§. 1, 2) sind die Gründe der angeordneten Maßregel anzugeben.

„Behauptet der Betroffene, daß er die ihm zur Last gelegten Handlungen nicht begangen habe, oder daß dieselben den im §. 1 bezeichneten Thatbestand nicht enthalten, so steht ihm binnen acht Tagen nach Zustellung der Verfügung die Berufung auf richterliches Gehör offen.

„Zuständig ist in denjenigen Bundesstaaten, in welchen ein aus ständigen Mitgliedern zusammengesetzter besonderer Gerichtshof für kirchliche Angelegenheiten besteht, dieser Gerichtshof; in den übrigen Bundesstaaten das höchste Gericht für Strafsachen.

„Das Gericht entscheidet, ob der Berufende eine der im §. 1 bezeichneten Handlungen begangen hat. Wird festgestellt, daß keine Handlung vorliegt, auf Grund deren dieses Gesetz die angefochtene Verfügung für zulässig erklärt, so ist die letztere durch die anordnende Behörde aufzuheben.

„Die Berufung muß von dem Berufenden in gerichtlich oder notariell beglaubigter Form unterzeichnet und dem zuständigen Gericht eingereicht werden.

„Für das Verfahren kommen die bei dem zuständigen Gericht geltenden Vorschriften zur Anwendung. Erforderliche Abänderungen und Ergänzungen derselben werden bis zur gesetzlichen Regelung durch das Gericht festgestellt. Die für den Fortgang des Verfahrens gesetzlich vorgeschriebenen Fristen können nach Ermessen des Gerichts abgekürzt werden.

„Die Berufung hält die Vollstreckung der angefochtenen Verfügung nur dann auf, wenn die letztere den Verlust der Staatsangehörigkeit ausgesprochen hat. In diesem Falle kann dem Berufenden bis zur richterlichen Entscheidung der Aufenthalt in bestimmten Bezirken oder Orten versagt oder angewiesen werden."

Das Reichsgesetz versteht unter dem im §. 1 gedachten „gerichtlichen Urtheil" das Erkenntniß eines besonderen staatlichen Verwaltungsgerichtshofes oder eines ordentlichen Kriminalgerichtes, (vgl. P. Hinschius, Kirchengesetze 1874—1875 S. 6 und preußisch. Kirchenrecht S. 135 Anm. 90). Für Preußen konnten die §§. 1, 2 auf Geistliche, welche entweder

1) durch den kirchlichen Gerichtshof auf Grund des §. 24 des Gesetzes vom 12. Mai 1873 aus ihrem Amt entfernt waren,

2) oder auf solche, welche ihr Amt auf Grund einer Verurtheilung zur Zuchthausstrafe, einer Aberkennung der bürgerlichen Ehrenrechte oder der Fähigkeit zur Bekleidung öffentlicher Aemter durch die ordentlichen Kriminalgerichte nach §. 21 des Gesetzes vom 11. Mai 1873 verloren hatten, (vgl. P. Hinschius, preußisch. Kirchenrecht S. 72 und S. 501 und 3), oder

3. auf solche Geistliche, welche wegen §. 23 Abs. 1, §§. 1 bis 3, 15 des eben citirten Gesetzes (später in der Gestaltung durch die Abänderungsgesetze vom 31. Mai 1882 und 11. Juli 1883, s. a. a. O. S. 90. 502. 576) durch die gewöhnlichen Kriminalgerichte verurtheilt waren,

Anwendung finden.

So lange die faktische Suspension des §. 24 des Gesetzes vom 12. Mai 1873 (s. S. 64 unter a) dauert, ist eine Verurtheilung auf Grund desselben nicht möglich, und darum ist durch den Art. 10 des vorliegenden Gesetzes auch die Anwendung des Reichsgesetzes vom 4. Mai 1874 theilweise suspendirt worden. Man kann dieser Konsequenz nicht entgegenhalten, daß Reichsgesetze durch Partikulargesetze nicht aufgehoben werden können. Denn der §. 1 des Reichsgesetzes hat nur bestimmte partikularrechtliche Einrichtungen zu seiner Voraussetzung. Das Reichsgesetz enthält keine Vorschrift, daß diese aufrecht erhalten werden müssen, es hat dieselben also nicht durch einen gesetzgeberischen Akt des Reiches festgelegt.

Merkwürdiger Weise ist diese Tragweite des den Artikel 10 bildenden Kopp'schen Amendements bei den Berathungen des Gesetzes von keiner Seite berührt worden. Auch Günther S. 25 hat sie übersehen. Wenn dagegen Rintelen S. 33 es als zweifelhaft hinstellt, ob die Worte durch gerichtliches Urtheil noch in Kraft sind, so hat er den wahren Sachverhalt übersehen, namentlich nicht beachtet, daß die Zuständigkeit der ordentlichen Kriminalgerichte in den oben unter 2 und 3 gedachten Fällen noch in Kraft besteht.

Für die Berufung gegen die in den beiden letzteren Fällen noch zulässigen Maßregeln der Aufenthalts-Beschränkung oder -Versagung, der Entziehung der Staatsangehörigkeit und Ausweisung aus dem Bundesgebiete war nach §. 3 des Reichsgesetzes in Preußen ebenfalls der kirchliche Gerichtshof zuständig. Da der § aber in Ermangelung eines solchen das höchste Gericht für Strafsachen als zuständig bezeichnet, muß diese Vorschrift nach Beseitigung des gedachten Gerichtes nunmehr ebenfalls für Preußen zur Anwendung kommen, d. h. es tritt an die Stelle desselben das Kammergericht, weil dieses nach §. 50 des cit. Ausführungsgesetzes vom 24. April 1878 wegen seiner ausschließlichen Kompetenz für die Revisionen in gewissen Strafsachen als dritte Instanz eine höhere Stellung als die übrigen Ober-Landesgerichte besitzt, mithin den höchsten Gerichtshof für Strafsachen in Preußen bildet.

b) Das Gesetz, betr. die Einstellungen der Leistungen aus Staatsmitteln für die römisch-katholischen Bisthümer und Geistlichen, vom 22. April 1875, GS. S. 194, hat dem Gerichtshof für kirchliche Angelegenheiten in zwei Fällen die Zuständigkeit überwiesen, einmal in einem dem § 24 des Gesetzes vom 12. Mai 1873 analogen Fall,

§. 12: „Wer in den Fällen der §§. 2. und 6. die schriftlich erklärte Verpflichtung widerruft" (d. h. die der Staatsregierung gegenüber abgegebene Erklärung, die Gesetze des Staates zu befolgen, mag er ein Bischof oder ein einzelner Empfangsberechtigter in dem Sprengel sein, in welchem im Uebrigen die Leistungen aus Staatsmitteln eingestellt sind), „oder der durch dieselbe übernommenen Verpflichtung zuwider die auf sein Amt oder seine Amtsverrichtungen bezüglichen Vorschriften der Staatsgesetze oder die in dieser Hinsicht von der Obrigkeit innerhalb ihrer gesetzlichen Zuständigkeit getroffenen Anordnungen verletzt, ist durch gerichtliches Urtheil aus seinem Amte zu entlassen" (d. h. nach Art. 1 des Gesetzes vom 14. Juli 1880 ist gegen ihn auf Unfähigkeit zur Bekleidung seines Amtes zu erkennen).

§. 14: „Zuständig zur Verhandlung und Entscheidung ist der Königliche Gerichtshof für kirchliche Angelegenheiten . . .";

ferner in einem anderen Fall, welcher in die Kategorie der Berufungsfälle wegen Mißbrauchs der Disziplinargewalt gehört,

§. 7: „Die Entscheidungen der kirchlichen Behörden, welche eine Disziplinarstrafe wider einen Geistlichen verhängen, dem gegenüber die Staatsregierung die eingestellten Leistungen in Gemäßheit des §. 6. wieder aufgenommen hat" (d. h. weil er die vorher zu §. 12 näher bezeichnete Erklärung abgegeben hat), „können sowohl von dem Geistlichen als von dem Oberpräsidenten im Wege der Berufung an den Königlichen Gerichtshof für kirchliche Angelegenheiten ohne die Beschränkung des §. 12. des Gesetzes vom 12. Mai 1873. angefochten werden".

Für diese Zuständigkeiten ist ebenfalls kein Ersatz geschaffen, es ist also die Entfernung aus dem Amte nach §§. 12. 14 und die Berufung nach §. 7 unmöglich gemacht.

Praktisch ist dies allerdings nicht von Bedeutung, da jetzt, seit Mai des Jahres 1886 in allen Diözesen die Staatsleistungen wieder aufgenommen worden sind (vgl. P. Hinschius, preuß. Kirchenrecht S. 511 N. 42, S. 615, an welcher Stelle die Erzdiözesen Gnesen-Posen noch nicht haben erwähnt werden können) ganz abgesehen davon, daß es streitig ist, ob nunmehr auf Grund des Gesetzes von 1875 die Sperre wieder neu verfügt werden darf, (s. Rintelen a. a. O. S. 42 N. 10), eine Frage, auf welche hier, weil sie mit dem Artikel 10 in keinem Zusammenhange steht, nicht näher eingegangen werden kann.

c) Endlich ist insofern eine Lücke gelassen, als die für die Berufung gegen die Schließung von Knabenseminaren und solcher Priester- oder Predigerseminare, welche nicht zu den seit dem Jahre 1873 geschlossenen und nach Erlaß des vorliegenden Gesetzes wieder eröffneten gehören, und gegen die Einstellung von Staatsmitteln für dieselben (s. oben S. 21), welche seitens der geistlichen Oberen bei dem erwähnten Gerichtshof eingelegt werden konnte, keine andere Behörde bezeichnet worden ist, was freilich nicht verwunderlich erscheint, da es der Herrenhaus-Kommission entgangen ist, daß sie durch ihre Fassung der Artikel 3. 4. 5 in den gedachten Beziehungen den §. 13 des Gesetzes vom 11. Mai 1873 nicht beseitigt hat.

Artikel 11.

Der Artikel 2 des Gesetzes vom 14. Juli 1880 (Gesetz-Samml. S. 285) tritt mit der Verkündung des gegenwärtigen Gesetzes wieder in Kraft.

Der Artikel 11 ist von der Herrenhaus-Kommission der Regierungsvorlage eingefügt (s. Bericht S. 26. 27). Der Artikel 2 des in Bezug genommenen Gesetzes hatte bestimmt:

„In einem katholischen Bisthum, dessen Stuhl erledigt, oder gegen dessen Bischof durch gerichtliches Urtheil auf Unfähigkeit zur Bekleidung des Amts erkannt worden ist, kann die Ausübung bischöflicher Rechte und Verrichtungen in Gemäßheit des §. 1 im Gesetz vom 20. Mai 1874 Demjenigen, welcher den ihm ertheilten kirchlichen Auftrag darthut, auch ohne die im §. 2 vorgeschriebene eidliche Verpflichtung durch Beschluß des Staatsministeriums gestattet werden.

In gleicher Weise kann von dem Nachweise der nach §. 2 erforderlichen persönlichen Eigenschaften, mit Ausnahme des Erfordernisses der Deutschen Staatsangehörigkeit, dispensirt werden."

Nach diesem Artikel konnte das Staatsministerium den Kapitularverweser und alle anderen geistlichen Beamten, welche interimistisch in einem katholischen Bisthum die bischöflichen Leitungsrechte oder bischöflichen Weiherechte ausüben wollten, von der vorherigen Ablegung der eidlichen Verpflichtung, dem Könige treu und gehorsam zu sein und die Gesetze des Staates zu befolgen, ferner von dem Erforderniß der wissenschaftlichen Vorbildung (oben S. 5), (vgl. P. Hinschius, Kirchengesetze v. 1880 S. 22 N. 6), dispensiren.

Der Artikel 7 desselben Abänderungsgesetzes vom Jahre 1880 hatte aber vorgeschrieben:

„Die Bestimmungen dieses Gesetzes, mit Ausnahme der Artikel 1, 5 und 6, treten mit dem 1. Januar 1882 außer Wirksamkeit".

In Folge der Verlängerung der Befugniß durch Ges. v. 31. Mai 1882 Art. 1 bis zum 1. April 1884 war sie mit dem letzteren Tage erloschen. Sie ist dem Staatsministeriums jetzt wieder verliehen und zwar nicht mehr, wie früher auf beschränkte Zeit, d. h. es ist der §. 2 des Gesetzes über die Verwaltung erledigter katholischer Bisthümer vom 20. Mai 1874 (GS. S. 135) in der erwähnten Beziehung dauernd abgeändert.

Artikel 12.

Unter die Bestimmungen des Gesetzes vom 13. Mai 1873 (Gesetz-Samml. S. 205) fällt die Versagung kirchlicher Gnadenmittel nicht.

Dieser Artikel verdankt ebenfalls der Herrenhaus-Kommission, wahrscheinlich dem Bischof Dr. **Kopp**, seine Einfügung in das Gesetz. Wie mehrfach, so hat dieselbe auch hier die Tragweite des Amendements nicht übersehen. Der Bericht bemerkt über die Entstehung des Artikels Folgendes (S. 27):

„Der Antrag wurde hauptsächlich durch Hinweisung auf die großen Schwierigkeiten begründet, welche dem Priester, der seinerseits das Beichtgeheimniß nicht brechen dürfe und also ganz waffenlos dastehe, aus einer Anklage wegen Verweigerung der Absolution entstehen. Von dem Antragsteller wurde noch besonders hervorgehoben, wie rücksichtsvoll die katholische Kirche bei der gebotenen Versagung der Gnadenmittel handle, indem er, der Priester, angewiesen sei, das Gemeindeglied, welchem er die Absolution versage, so aus dem Beichtstuhle zu entlassen, daß die Umstehenden nicht wahrnehmen könnten, daß demselben die Lossprechung verweigert worden sei. Der Antrag fand auf vielen Seiten der Kommission Entgegenkommen. Ein den vorgeschlagenen Artikel einschränkender Abänderungsantrag dahin gehend:

„Auf eine Versagung der Absolution im Beichtstuhl findet die Strafbestimmung des §. 5 des Gesetzes vom 13. Mai 1873 (GS. S. 205) keine Anwendung",

wurde darauf gestützt, daß man den Geistlichen zwar bezüglich der Gründe, aus denen er Gnadenmittel versage, nicht beschränken dürfe, daß aber die straflose Versagung der Gnadenmittel auf den Beichtstuhl beschränkt bleiben müßte. Von vielen Seiten wurde aber der allgemeinen Fassung des Hauptantrages der Vorzug gegeben. Seitens des Vertreters der Königlichen Staatsregierung wurde bemerkt,

daß er die hier fraglichen, über den Rahmen der Vorlage hinausgehenden Anträge und Beschlüsse nur ad referendum nehmen könne. Unter diesem Vorbehalt bemerke er aber, daß hier nur drei Gnadenmittel in Betracht kommen könnten. Die Beichte (soll richtiger heißen: sakramentale Absolution), das Abendmahl und die letzte Oelung; unter diesen eine Verschiedenheit zu schaffen, liege aber keine Veranlassung vor.

Bei der Abstimmung in erster Lesung wurde der die Straflosigkeit auf die Verweigerung der Absolution im Beichtstuhl einschränkende Abänderungsantrag mit 16 gegen 2 Stimmen abgelehnt und hiernach der vorgeschlagene Zusatzartikel einstimmig angenommen". Er ist dann auch in zweiter Lesung mit 18 gegen 1 Stimme beibehalten.

I. Kirchliche Gnadenmittel.

Zunächst fragt es sich, was in dem Art. 12 unter: Gnadenmittel zu verstehen sei.

Ein fester technischer Ausdruck ist das Wort nicht. Faßt man es in dem Sinne von heiligen Handlungen, welche göttliche Gnaden vermitteln, so gehören dahin in erster Linie die Sakramente, aber diese nicht allein. Es können vielmehr auch die verschiedenen Benediktionen und Konsekrationen, welche die katholische Kirche kennt, hierher gerechnet werden, denn (vgl. Silbernagl, Lehrb. d. kathol. Kirchenrechts. Regensburg 1880. S. 515) „unter Sakramentalien begreift man jene von der Kirche eingesetzten Segnungen und Weihungen, durch welche irgend eine göttliche Gnade bittweise verliehen wird, und sie heißen so, weil sie mit den Sakramenten eine gewisse Aehnlichkeit haben und in gewissen Beziehungen zu ihnen stehen"; (s. übrigens auch Probst, kirchliche Benediktionen und ihre Verwaltung. Tübingen 1857 S. 44). Allerdings werden vielfach nur die Sakramente wegen ihrer hauptsächlichen Bedeutung für die Vermittelung göttlicher Gnaden als Gnadenmittel bezeichnet, aber eine Nothwendigkeit, den Artikel auf diese zu beschränken, liegt nicht vor, denn die beiläufige Aeußerung des Regierungskommissars, daß es sich blos um die Absolution, das Abendmahl und die letzte Oelung handeln könne, hat keine zwingende Kraft für die Auslegung des Artikels.

Ebensowenig läßt sich aus der Begründung des Antrages durch seinen Urheber ein Anhalt für die dem Worte: Gnadenmittel beizulegende Bedeutung entnehmen, denn der eine angeführte Grund, daß die katholische Kirche äußerlich rücksichtsvoll bei der Versagung der Gnadenmittel handle, (s. oben S. 67), ist für die Frage, in wiefern die Benutzung einer solchen als Straf- und Zuchtmittel durch die katholische Kirche staatlicherseits zu beschränken sei, absolut unerheblich. Der andere Grund aber, daß der Priester das Beichtgeheimniß nicht brechen dürfe, hätte höchstens dazu führen können, wie dies der von der Kommission verworfene Abänderungsantrag beabsichtigt hat, die Versagung der sakramentalen Absolution, nicht aber der anderen Gnadenmittel von den Bestimmungen des Straf- und Zuchtmittelgesetzes auszunehmen.

Betrachtet man bei der Unzulänglichkeit dieses dürftigen Auslegungsmaterials den Artikel 12 unabhängig von demselben, so wird man darauf geführt, daß der Herrenhaus-Kommission die Frage vorgeschwebt hat, ob die Verweigerung der Gnadenmittel seitens der Kirche überhaupt den erwähnten Strafbestimmungen zu unterwerfen sei, weil man ihr zweifellos das Recht zugestehen muß, derartige Mittel Unwürdigen zu versagen. Da ihr aber diese Befugniß nicht blos für die Sakramente, sondern auch für die Sakramentalien (vgl. P. Hinschius, Kirchenrecht Bd. IV. S. 152) zuzugestehen ist, so folgt daraus, daß das Wort: Gnadenmittel in dem zuerst erwähnten, weiteren Sinn aufzufassen ist. Praktisch wird allerdings vor Allem die Versagung bestimmter Sakramente in Frage kommen, und zwar — insoweit war die Aeußerung des Regierungskommissars zutreffend — die der sakramentalen Absolution bei der Beichte, des Abendmahls und der letzten Oelung, denn die Taufe scheidet, da die Versagung nur Nichtkirchenmitglieder trifft, ganz aus, ebenso wird die Versagung der Konfirmation und der Ordination, ersterer wegen des regelmäßigen jugendlichen Alters der Firmlinge, letzterer wegen ihrer besonderen weiteren Voraussetzungen, für die Praxis ohne Bedeutung sein. Endlich ist die Versagung der für die Eheschließung nothwendigen Assistenz des Pfarrers nicht Versagung eines kirchlichen Gnadenmittels, da durch diesen Akt, welcher nur die Bedeutung der Beurkundung hat, keine Gnade an die Verlobten gespendet wird (Schulte, Handbuch des kathol. Eherechtes. Gießen 1855. S. 7. 11ff.). Wohl aber könnte gerade unter den Sakramentalien die Versagung der benedictio sacerdotalis in dem einen oder andern Falle praktisch bedeutsam werden.

II. Bedeutungslosigkeit des Straf- und Zuchtmittelgesetzes v. 13. Mai 1873.

Nach den vorstehenden Ausführungen bestimmt Art. 12, daß das Gesetz vom 13. Mai 1873 auf die Versagung der kirchlichen Gnadenmittel (im Sinne von Sakramenten und Sakramentalien) keine Anwendung findet, denn das heißt es, wenn diese Versagung nicht unter seine Bestimmungen fallen soll.

Die Möglichkeit, eine solche als kirchliches Straf- und Zuchtmittel zu benutzen, ist nicht ausgeschlossen. Es können die damit verbundenen Nachtheile einem Kirchenmitglied zugefügt werden, um seine in den Augen der Kirche tadelnswerthe Handlungsweise zu bestrafen und auch um dasselbe künftighin von einer solchen abzuhalten. Bei der Berathung des Straf- und Zuchtmittelgesetzes im Jahre 1873 ist in der damaligen Kommission des Abgeordnetenhauses von dem Regierungskommissar erklärt worden: „Nach einer der Staatsregierung zugegangenen Beschwerde sei beispielsweise in der Provinz Posen im Jahre 1862 der Fall vorgekommen, daß einem kirchlichen Wahlmanne die Osterbeichte verweigert worden, weil er bei der Wahl eines Deputirten zum Abgeordnetenhause sich der Abstimmung enthalten habe. Er habe sich darauf an einen anderen Geistlichen gewendet, und sei auch dort als „„Judas Ischariot““ abschläglich beschieden worden. In einem anderen Fall soll einem höheren Gerichtsbeamten katholischer Konfession die Absolution verweigert worden sein, weil er in pflichtmäßiger Ausübung seines richterlichen Amtes angeblich kirchliche Interessen gefährdet habe (s. Drucksachen 11. Legisl.-Per. III. Sess. 1872—1873. Nr. 208 S. 8, stenogr. Berichte v. 1873. S. 1716, und auch P. Hinschius, Kirchengesetze v. 1873 S. 9).

An sich war und ist die Benutzung der Versagung der kirchlichen Gnadenmittel nach dem Gesetze vom 13. Mai 1873 §. 1 als Straf- und Zuchtmittel nicht verboten, denn sie betrifft lediglich innerhalb der Kirche wirkende Rechte.

Das Gesetz hat aber zum Schutze der Beamten, welche ihre Amtspflichten zu erfüllen haben, und der Privatpersonen, welche absolut gebietende Gesetze befolgen oder staatlichen Gesetzen nachkommen müssen, um von ihren politischen oder bürgerlichen Rechten Gebrauch machen zu können, unter Kriminalstrafe gestellt:

1. die Verhängung oder Verkündigung von an sich gesetzlich erlaubten Straf- und Zuchtmitteln, weil die gedachten Personen den erwähnten Gesetzen gemäß gehandelt haben (§. 2 Nr. 1),
2. die Androhung, Verhängung oder Verkündigung der gedachten Straf- und Zuchtmittel, um Beamte zur Unterlassung der ihnen durch ihr Amt auferlegten Amtshandlungen zu bewegen oder andere Personen von der Erfüllung ihrer staatsbürgerlichen Pflichten oder von der Vornahme der Handlungen, welche von ihnen zum vollen Genuß ihrer vom Staat gewährten Rechte vorgenommen werden müssen, abzuhalten (§. 3 Nr. 1).
3. Ferner ist die Androhung, Verhängung oder Verkündigung solcher Straf- und Zuchtmittel verboten, um öffentliche (Staats-, Kommunal- und kirchliche) Wahlen, d. h. um die Ausübung oder Nichtausübung des Wahlrechtes in einer bestimmten Richtung zu beeinflussen, ferner die Verhängung und Verkündigung, weil Jemand

sein Wahlrecht in einer bestimmten Richtung oder überhaupt nicht ausgeübt hat (§. 2 Nr. 2 u. §. 3 Nr. 2).

4. Das Verbot des Gesetzes trifft ferner die Bekanntmachung der verhängten, an sich statthaften Straf- und Zuchtmittel, welche über den Kreis der betreffenden Religionsgesellschaft hinausgeht, also namentlich die Kunde davon in die absolute Oeffentlichkeit bringt (§. 4 Abs. 1 u. 2) und ferner
5. die Vollziehung oder Verkündigung derartiger Straf- und Zuchtmittel in beschimpfender Weise, d. h. in einer Weise, welche die Ehre des Betroffenen in erheblicher oder empfindlicher Art verletzt oder denselben gar als eine der allgemeinen Ehre und Achtung verlustige Persönlichkeit erscheinen läßt (§. 4 Abs. 3).

Vgl. a. a. O. S. XVI und S. 19 ff.

Nach dem zum Gesetz erhobenen Amendement Dr. Kopp treffen alle diese Verbote die Versagung kirchlicher Sakramente und anderer kirchlicher Gnadenmittel nicht. Es ist also jetzt erlaubt, den Beamten, damit sie ihre Amtshandlungen unterlassen, den Wahlmännern, damit sie in einer bestimmten Richtung ihr Wahlrecht ausüben, die Verweigerung der Absolution bei der Beichte, des Abendmahles und der letzten Oelung anzudrohen, und ihnen, wenn sie den ultramontanen Anforderungen nicht nachgekommen sind, zur Strafe diese Sakramente zu versagen (freilich ist dies nach dem Abgeordneten Eugen Richter, stenograph. Berichte des Abg. Hauses v. 1886 S. 1907, „ein internster Punkt des kirchlichen Lebens").

Damit ist auch das Straf- und Zuchtmittel-Gesetz im Wesentlichen praktisch bedeutungslos gemacht.

Das wichtigste und am meisten verwendbare Straf- und Zuchtmittel in der katholischen Kirche ist die Exkommunikation, welche sowohl als excommunicatio minor wie auch als major von dem Empfange der Sakramente ausschließt, (s. a. a. O. S. 7). Gerade darin beruht im heutigen Leben ihre praktische Bedeutung gegenüber den Laien. Die Androhung und Verhängung der Exkommunikation in den vorhin erwähnten Fällen ist allerdings noch verboten geblieben, aber derselbe Zweck kann jetzt erreicht werden, wenn die Versagung der hauptsächlich in Frage kommenden Gnadenmittel, also der drei vorhin gedachten Sakramente angedroht oder verhängt wird. Das ist jetzt nicht strafbar, und die katholischen Oberen werden natürlich, wo es darauf ankommt, eine Einwirkung in den vorhin gedachten Richtungen auszuüben, nun nicht mehr zur Exkommunikation, sondern zur Versagung der einzelnen Sakramente greifen.

Daß sich die Herrenhaus-Kommission oder das Herrenhaus diese Tragweite des von ihr angenommenen Amendements klar gemacht hat, ergeben die Materialien nicht. Man hat sich anscheinend lediglich zu der Annahme des Artikels 12 durch die Rücksicht auf das dem katholischen Priester auferlegte Beichtgeheimniß bestimmen lassen, und hat dabei einmal übersehen, daß das letztere für andere Sakramente als die Beichte gar nicht in Betracht kommt, sowie daß der Staat nicht einmal unter allen Umständen vor dem Beichtgeheimniß Halt zu machen verpflichtet ist, ja selbst dies auch bisher nicht gethan hat, vielmehr die durch den §. 139 des Reichsstrafgesetzbuches aufgestellte Anzeigepflicht in Betreff des Vorhabens eines Hochverrathes, Landesverrathes, Münzverbrechens,

Raubes, Menschenmordes oder eines gemeingefährlichen Verbrechens auch den Beichtvater trifft, (vgl. P. Hinschius, Kirchenrecht Bd. IV S. 134).

Artikel 13.

Die Bestimmungen des Artikels 6 des Gesetzes vom 14. Juli 1880 werden ausgedehnt auf die Uebernahme der Pflege und Leitung in Waisenanstalten, Armen- und Pfründnerhäusern, Rettungsanstalten, Asylen und Schutzanstalten für sittlich gefährdete Personen, Arbeiterkolonien, Verpflegungsanstalten, Arbeiterherbergen, Mägdehäusern, sowie auf die Uebernahme der Leitung und Unterweisung in Haushaltungsschulen und Handarbeitsschulen für Kinder in nicht schulpflichtigem Alter, als Nebenthätigkeit der ausschließlich krankenpflegenden Orden und ordensähnlichen Kongregationen, welche im Gebiete der Preußischen Monarchie gegenwärtig bestehen.

Der Artikel 13, welcher ebenfalls einem Amendement des Bischof Dr. Kopp und den Beschlüssen der Herrenhaus-Kommission (Bericht S. 28 ff.) seine Entstehung verdankt, erweitert den Kreis der den Orden und ordensähnlichen Kongregationen gestatteten Thätigkeiten in erheblichem Maße.

Nach §. 2 des Gesetzes, betr. die geistlichen Orden und ordensähnlichen Kongregationen der katholischen Kirche v. 31. Mai 1875 (GS. S. 217):

> „Niederlassungen der Orden oder ordensähnlichen Kongregationen, welche sich ausschließlich der Krankenpflege widmen, bleiben fortbestehen; sie können jedoch jederzeit durch Königliche Verordnung aufgehoben werden; bis dahin sind die Minister des Innern und der geistlichen Angelegenheiten ermächtigt, ihnen die Aufnahme neuer Mitglieder zu gestatten."

waren von der durch das Gesetz angeordneten Auflösung der Niederlassungen der Orden und ordensähnlichen Kongregationen allein diejenigen Niederlassungen ausgenommen, welche ausschließlich der Krankenpflege gewidmet waren.

Das Abänderungsgesetz vom 14. Juli 1880 (GS. S. 285) hatte nach Art. 6:

> „Die Minister des Innern und der geistlichen Angelegenheiten sind ermächtigt, die Errichtung neuer Niederlassungen von Genossenschaften, welche im Gebiete der Preußischen Monarchie gegenwärtig bestehen und sich ausschließlich der Krankenpflege widmen, zu genehmigen, auch widerruflich zu gestatten, daß gegenwärtig bestehende weibliche Genossenschaften, welche sich ausschließlich der Krankenpflege widmen, die Pflege und Unterweisung von Kindern, die sich noch nicht im schulpflichtigen Alter befinden, als Nebenthätigkeit übernehmen.
>
> Neu errichtete Niederlassungen unterliegen der Aufsicht des Staats in Gemäßheit des §. 3 im Gesetz vom 31. Mai 1875

(Gesetz-Samml. S. 217) und können durch Königliche Verordnung aufgehoben werden.

Der Krankenpflege im Sinne des Gesetzes vom 31. Mai 1875 ist die Pflege und Unterweisung von Blinden, Tauben, Stummen und Idioten, sowie von gefallenen Frauenspersonen gleichgestellt";

1. zwar nicht allen Orden und ordensähnlichen Kongregationen, wohl aber denjenigen krankenpflegenden Genossenschaften, welche bei seinem Inkrafttreten, d. h. am 4. August 1880, noch Niederlassungen in Preußen besaßen, die Möglichkeit gewährt, mit Genehmigung der Minister des Innern und der geistlichen Angelegenheiten neue Niederlassungen zu errichten, und zugleich den Begriff der Krankenpflege im Sinne des Gesetzes auf die Pflege und Unterweisung von Blinden, Tauben, Stummen und Idioten, sowie von gefallenen Frauenspersonen erweitert.

Die älteren und die neu errichteten Niederlassungen waren also nunmehr befugt, neben der Krankenpflege oder allein alle vorgenannten Thätigkeiten auszuüben.

Sämmtliche derartige Niederlassungen unterliegen der Aufsicht des Staats, d. h. der beiden genannten Minister (§§. 3—5 des Gesetzes v. 1875), und es können namentlich neue Mitglieder nicht ohne Genehmigung derselben aufgenommen werden (§. 2 a. a. O., P. Hinschius, preuß. Kirchengesetz v. 1880 S. 27 N. 24).

Eine Auflösung der erwähnten Niederlassungen ist endlich nicht anders, als auf dem Wege der Königlichen Verordnung (wenn schon jeder Zeit) gestattet.

2. Weiter hatte der Artikel 6 die erwähnten Minister ermächtigt, widerruflich den an dem erwähnten Tage vorhandenen Niederlassungen der weiblichen (nicht männlichen) Genossenschaften, welche der Krankenpflege in dem vorhin festgestellten Sinne gewidmet waren, (vgl. P. Hinschius a. a. O. S. 29. N. 22) als Nebenthätigkeit die Pflege und Unterweisung von Kindern in noch nicht schulpflichtigem Alter (d. h. nach ALR. II. 12 §. 43 bis zur Vollendung des fünften, provinzialrechtlich jedoch bis zur Vollendung des sechsten oder siebenten) zu übernehmen.

Der stilistisch nicht geschickt ausgefallene Artikel 13 des vorliegenden Gesetzes zählt nun eine Reihe weiterer Thätigkeiten auf, welche die krankenpflegenden Niederlassungen übernehmen können.

Er bezeichnet diese im Sinn des Artikels 6 des Gesetzes von 1880 als Nebenthätigkeit, und es sollen auf sie die Bestimmungen des letzteren ausgedehnt werden. Daraus ergiebt sich, daß nicht die unter 1, sondern blos die unter 2 analysirten Vorschriften des Artikels 6 für sie maßgebend sein können, d. h. alle diese Thätigkeiten dürfen von den beiden Ministern den Niederlassungen blos widerruflich gestattet werden.

Der Artikel 6 hat aber die Uebernahme einer Nebenthätigkeit blos für die Niederlassungen der weiblichen Genossenschaften erlaubt. Es fragt sich daher jetzt, ob die im Artikel 13 aufgezählten Nebenthätigkeiten auch den männlichen Genossenschaften gestattet sein sollen.

Am Schlusse des Artikels heißt es: „als Nebenthätigkeit der ausschließlich krankenpflegenden Orden und ordensähnlichen Kongregationen, welche im Gebiete der Preußischen Monarchie bestehen." Hier ist die Beschränkung auf die weiblichen Genossenschaften nicht gemacht, und daß dies nicht beabsichtigt ist, ergiebt ferner die Hervorhebung der Leitung von Arbeiterkolonien und Arbeiterherbergen, welche nicht von weiblichen Genossenschaften geführt werden können. Man muß deshalb den Artikel 13 dahin auslegen, daß auch den Niederlassungen männlicher Genossenschaften, welche sich der Krankenpflege widmen, widerruflich die erwähnten Thätigkeiten gestattet werden können, und dafür spricht auch der Umstand, daß der Artikel seinem Wortlaut nach eine Ausdehnung, nicht bloß eine Anwendung der Bestimmungen des Artikels 6 vorschreibt.

Endlich schafft der Artikel 13 eine Inkongruenz dadurch, daß er die Pflege und Leitung in Rettungsanstalten und Mägdehäusern zu den widerruflich zu gestattenden Nebenthätigkeiten rechnet, obwohl der Artikel 6 des früheren Gesetzes unter der dem Widerrufe nicht unterliegenden Krankenpflege auch die Pflege und Unterweisnng von gefallenen Frauenspersonen begreift. Niederlassungen, in denen diese Pflege ausgeübt wird, werden aber vielfach gleichfalls als Rettungsanstalten oder Mägdehäuser bezeichnet. Indessen hat Art. 13 den Art. 6, soweit er besondere Vorschriften über die Krankenpflege enthält, nicht berührt, und jedenfalls nicht beabsichtigt, die den geistlichen Genossenschaften günstigen Bestimmungen des früheren Gesetzes zu beschränken. Es muß daher Art. 13 dahin ausgelegt werden, daß die Pflege und Leitung in solchen Rettungsanstalten und Mägdehäusern, in welchen gefallene Frauenspersonen Pflege und Unterweisung erhalten, nicht zu den Nebenthätigkeiten, sondern zur Krankenpflege im gesetzlichen Sinne gehört.

Artikel 14.

In denjenigen Landestheilen, in welchen der Vorsitz im Vorstande einer katholischen Kirchengemeinde — Kirchenrath — nicht bereits vor dem Erlaß des Gesetzes vom 20. Juni 1875 (Gesetz-Samml. S. 241) einem weltlichen Mitgliede zustand, geht der Vorsitz auf den ordnungsmäßig bestellten Pfarrer und Pfarrverweser, in Filialgemeinden auf die für dieselben ordnungsmäßig bestellten Pfarrgeistlichen über.

In der Erzdiözese Gnesen-Posen und in der Diözese Kulm erfolgt die Regelung im Wege Königlicher Verordnung.

I. Entstehungsgeschichte des Artikels.

Der §. 5 des Gesetzes über die Vermögensverwaltung in den katholischen Kirchengemeinden, vom 20. Juni 1875 (GS. S. 241) bestimmt: „Der Kirchenvorstand besteht:

1) in Pfarrgemeinden aus dem Pfarrer, in Filial-, Kapellen- rc. Gemeinden, welche eigene Geistliche haben, aus dem der Anstellung nach ältesten;
2) aus mehreren Kirchenvorstehern, welche durch die Gemeinde gewählt werden;

3) in dem Falle des §. 39. aus dem daselbst bezeichneten Berechtigten (d. h. dem Patron, welchem auf Grund des Patronates oder einem anderen Berechtigten, welchem auf Grund eines besonderen Rechtstitels die Mitgliedschaft in dem Kirchenvorstande oder die Berechtigung zugestanden hat, Kirchenvorsteher zu ernennen, zu bestellen oder zu präsentiren, vgl. P. Hinschius, Kirchengesetze v. 1874 u. 1875 S. 154) oder dem von ihm ernannten Kirchenvorsteher."

und der §. 12 a. a. O.:

„Der Kirchenvorstand wählt aus seinen im §. 5. Nr. 2. und 3. bezeichneten Mitgliedern bei dem Eintritt der neuen Kirchenvorsteher einen Vorsitzenden und einen Stellvertreter desselben, beide auf drei Jahre."

In Folge dieser Vorschriften war der als geborenes Mitglied zum Kirchenvorstand gehörige Pfarrer oder etwaige andere Geistliche zum Vorsitz rechtlich unfähig erklärt worden. Die Regierungsvorlage des Gesetzes v. 1875 (Drucksachen des Hauses der Abgeordneten 12. Legisl.-Per. II. Sess. 1875 Nr. 16 S. 42) hatte dem Geistlichen mit Rücksicht auf seine Stellung, seine durchschnittlich höhere Geschäftskenntniß und das im größten Theile der Monarchie bestehende Recht ein für alle Mal den Vorsitz zugewiesen. Die Kommission des Abgeordnetenhauses, von welcher die jetzige Fassung herrührt (angeführte Drucksachen Nr. 250 S. 21, stenographische Berichte v. 1875 S. 1475 ff. 1482) war dagegen davon ausgegangen, daß die Abhängigkeit der Mitglieder von dem Ortspfarrer nicht noch durch den permanenten Vorsitz desselben im Kirchenvorstande verstärkt zu werden brauche, und daß es sich nicht empfehle, den Geistlichen, welcher als Vorsitzender von den Staatsbehörden für die Befolgung der Staatsgesetze verantwortlich gemacht werden müsse, andererseits aber in Abhängigkeit vom Bischof stehe, in einen stetigen Konflikt zwischen seinen geistlichen und weltlichen Oberen zu bringen. Im Herrenhause wurde damals die Regierungsvorlage wieder hergestellt (stenogr. Ber. v. 1875 S. 354. 356), aber nachdem das Abgeordnetenhaus auf seine Aenderung wieder zurückgegangen war (stenogr. Ber. S. 1985 ff. 1991. 1992), hatte sich auch das Herrenhaus gefügt und die jetzige Fassung angenommen (stenogr. Ber. S. 614. 618. 620).

Schon in der ersten Abänderungsnovelle zu den kirchenpolitischen Gesetzen der siebziger Jahre hatte die Regierung beabsichtigt, den geltenden Rechtszustand in der Richtung der früheren Vorlage zu ändern, denn der Entwurf zu dem Gesetze vom 14. Juli 1880 enthielt einen Artikel 11 dahin lautend:

„Der Vorsitz in dem Kirchenvorstande von katholischen Kirchengemeinden (§§. 12 und 5 des Gesetzes vom 20. Juni 1875) kann durch königliche Verordnung anderweitig geregelt werden",

indessen ist es ihr damals nicht gelungen, diesen Artikel im Abgeordnetenhause zur Annahme zu bringen (P. Hinschius, Kirchengesetz v. 1880. S. 10. 12. 32).

Bei der Tendenz, welche die Mehrheit der jetzigen Herrenhaus-Kommission beherrschte, war es selbstverständlich, daß in derselben ein Antrag auf Uebertragung des Vorsitzes an den Pfarrer bez. Geistlichen gestellt wurde (s. Bericht S. 30). In derselben wurde aber andererseits geltend gemacht (S. 31): „Es sei diese Ablehnung (d. h. die im Jahre 1880 erfolgte) hauptsächlich eine Folge der widersprechenden Haltung der Vertreter eines volksreichen, katholischen Landestheils, der Rheinprovinz, gewesen, wo das französische Kirchendekret bis zum Jahre 1875 bereits eine Geltung von fast siebenzig Jahren gehabt. Die dortige Bevölkerung sei daran gewöhnt, daß ein Laie diesen Ehrenposten bekleide, der Pfarrer gesetzlich den ersten Platz zur Rechten des Vorsitzenden habe, dem gleichfalls geborenen weltlichen Mitgliede des Kirchenvorstandes, dem Bürgermeister, gesetzlich der Platz zur Linken des Vorsitzenden bestimmt sei. Diese Anordnung habe sich bewährt; es besteht in jenen Landestheilen auch heute noch nicht der Wunsch eine Aenderung eintreten zu lassen. Man sehe die Bekleidung des Postens als Vorsitzender als eine besondere Ehrensache an, und würde die Aenderung unangenehm berühren. Auch aus praktischen Gründen sei die Aenderung abzulehnen. Die persönlichen Interessen des Pfarrers treten häufig in Konflikt mit den Anschauungen der Kirchenvorstandsmitglieder, z. B. wenn es sich um die Ausführungen von dem Pfarrer erwünschten Bauten, Verbesserungen 2c. handele. Hier sei es besser, wenn der Pfarrer nicht zugleich die Leitung der Verhandlung habe, ein Beschluß zu seinen Gunsten sei sonst einem stärkeren Odium ausgesetzt, es erscheine überhaupt angezeigt, den Seelsorger, der wesentlich zu geistlicher Thätigkeit berufen sei, nicht mit der weltlichen Vermögensverwaltung zu belasten und ihn nicht in die Lage zu setzen als sorgsamer Vermögensverwalter unerbittlich Ausstand verweigern zu müssen, wo er sich als milder Seelenhirt dazu gedrungen fühle, ihn zu bewilligen."

In Folge dessen wurde schon in der ersten Lesung ein Vermittelungsantrag gestellt, welcher dem Kirchenvorstande das Recht geben wollte, auch den Pfarrer zu wählen, aber verworfen. In der zweiten Lesung ist dann ein dem jetzigen Artikel gleichlautender neuer Antrag eingebracht worden, und dieser hat nicht nur in der Kommission Annahme gefunden (S. 31. 32), sondern ist auch in das Gesetz übergegangen.

II. Geltungsgebiet des Artikels 14. Unklare Fassung.

Der Artikel 13 bezweckt, dem Pfarrer in den katholischen Kirchengemeinden die Stellung eines geborenen Vorsitzenden zu geben, jedoch nicht einheitlich für die ganze Monarchie, vielmehr nimmt er davon gewisse Gebiete derselben aus, nämlich:

1. die Erzdiözesen Gnesen-Posen (in welchen die Regelung der Stellung des Pfarrers königlicher Verordnung überlassen ist, es also provisorisch bei der rechtlichen Unfähigkeit gemäß den citirten §§. 5. 12 des Gesetzes vom 20. Juni 1875 verbleibt) und

2. definitiv diejenigen Landestheile, in welchen der Vorsitz „bereits vor dem Erlaß" des oben gedachten Gesetzes einem weltlichen Mitgliede zustand. Diese Fassung ist eine im höchsten Grade unvollkommene und ohne Kenntniß der unterliegenden Verhältnisse gemacht. Ich will nicht betonen, daß die gewählte Zeitbestimmung: vor dem Erlaß irgend einen Zeitpunkt vor dem Erlaß des Gesetzes bedeutet (denn offenbar hat gemeint sein sollen; bis zum Inkrafttreten des Gesetzes vom 20. Juni 1875, — auf solche Kleinigkeiten hat die Kom-

mission des Herrenhauses kein Gewicht gelegt —) aber schwerer wiegt es, daß als das Moment, nach welchem es sich bestimmt, ob die §§. 5. 12. des Gesetzes abgeändert sind, der Umstand hingestellt ist, daß in dem betreffenden Landestheil der Vorsitz nicht vorher einem weltlichen Mitglied zugestanden hat.

Unter den Landestheilen wird man füglich die verschiedenen Rechtsgebiete zu verstehen haben. Bis zum Inkrafttreten des Gesetzes v. 1875 hat nun in einzelnen Landestheilen der Zustand bestanden, daß in einer Anzahl von Gemeinden der Vorsitz dem Pfarrer, in anderen aber einem anderen Mitgliede des Kirchenvorstandes zukam.

Für die Provinz Hannover hatte das Gesetz vom 14. Oktober 1848, (Hannov. Ges.S. I. S. 301) die Errichtung eines Kirchenvorstandes für jede katholische Gemeinde, bestehend aus dem Pfarrgeistlichen und wenigstens vier gewählten Kirchenvorstehern vorgeschrieben, und die zur Ausführung des Gesetzes unter demselben Datum erlassene Ministerial-Bekanntmachung (a. a. O. S. 307 und bei Ebhard, Gesetze, Verordnungen und Ausschreiben für den Bezirk des Konsistorii zu Hannover in Kirchen- und Schulsachen. I. S. 44), hatte im Artikel 17 angeordnet: „Im Kirchenvorstand hat der (erste) Pfarrgeistliche den Vorsitz, in dessen Verhinderung, wenn mehrere Geistliche Mitglieder des Kirchenvorstandes sind, der folgende Geistliche, anderenfalls aber ein dazu vom Kirchenvorstande aus seiner Mitte alle drei Jahre beim Eintritte der neuen Vorsteher zu wählender Stellvertreter". Nach §. 25 des Gesetzes konnte indessen in den Gemeinden, in welchen schon damals ein dieselbe vertretender Vorstand vorhanden war, die Bildung der neuen Kirchenvorstände, bis es derselbe verlangen würde, unterbleiben, und in Folge dessen ist die Durchführung des Gesetzes bis zum Inkrafttreten des Gesetzes vom 20. Juni 1875 in einer Anzahl von Gemeinden nicht erfolgt (s. Drucksachen des Abgeordnetenhauses 12. Legisl.-Per. II. Session 1875 Nr. 16 S. 15 ff. unter C., auch bei P. Hinschius, Kirchengesetze v. 1874 u. 1875 S. 117). So hat z. B. die Gemeinde in Emden ihren Gemeindevorstand behalten. Hier wurde der Vorsitzende ebenso wie die Mitglieder alle 6 Jahre durch die Generalversammlung sämmtlicher volljähriger selbstständiger Pfarrgenossen gewählt. In dieser Gemeinde hatte also der Pfarrer als solcher den Vorsitz nicht. In der Gemeinde von Leer war er zwar Vorsitzender, aber er hatte kein Stimmrecht, eine Stellung, welche dem Gesetz vom 20. Juni 1875 völlig unbekannt ist.

Auf dem rechten Rheinufer, in dem ehemaligen Großherzogthum Berg hatte der Erzbischof von Köln die Bildung und Erneuerung der Kirchenvorstände durch eine Verordnung vom 31. Januar 1849 geregelt (Dumont, Sammlung kirchlicher Erlasse für die Erzdiöcese Köln. Köln 1874. S. 380). Nach Art. 2. 13 war der Pfarrer Mitglied des Kirchenvorstandes. Letzterer hatte aber alle Jahre seinen Vorsitzenden — und zwar konnte dazu auch der Pfarrer genommen werden — zu wählen.

In beiden genannten Landestheilen stand also in einer Anzahl von Gemeinden der Vorsitz dem Pfarrer, in anderen aber einem weltlichen Mitgliede zu.

Gilt für diese Rechtsgebiete das neue Recht oder ist es bei der Unfähigkeit des Pfarrers, den Vorsitz zu führen geblieben? Der Artikel 14 gebraucht die Worte: „einem weltlichen Mitgliede zustand“. Auch das ist doppelsinnig. Es kann jedenfalls bedeuten: „faktisch zustand“, oder „gesetzlich gebührte“.

Man könnte nun versucht sein, die Worte im ersteren Sinne zu deuten, und also den Artikel dahin auszulegen, daß es in den Gemeinden, in welchen bisher der Vorsitz dem Geistlichen faktisch nicht zugestanden hat, bei dem alten Recht verbleiben solle. Diese Interpretation scheitert indessen an dem Worte: „Landestheilen“ (Rechtsgebieten), denn der Artikel will für diese wenigstens eine einheitliche Regelung, und macht seine Geltung nicht von den Verhältnissen der einzelnen Gemeinden abhängig.

Versucht man nun umgekehrt die fraglichen Worte im Sinne von „gesetzlich gebührt“ aufzufassen, so tritt ebenfalls eine andere Schwierigkeit ein. Die Herrenhaus-Kommission wollte — so viel ist zweifellos — es in der Rheinprovinz bei dem bisherigen Zustande belassen, weil derselbe dort schon vor der Einführung des Gesetzes vom 20. Juni 1875 der herrschende war.

Das bis dahin geltende französische Dekret vom 30. Dezember 1809 concernant les fabriques enthält indessen keine ausdrückliche Vorschrift, daß im Fabrikrath (conseil de fabrique) oder im Kirchenvorstande, (Kirchmeisterstube, bureau des marguilliers) art. 9. 19 ein weltliches Mitglied zum Vorsitzenden gewählt werden muß, und der Pfarrer dazu unfähig ist. Es ist daher auch in der französischen Jurisprudenz die Ansicht vertreten worden, daß der Pfarrer wenigstens zum Präsidenten des Fabrikraths gewählt werden könne. Allerdings ist diese nicht die herrschende geworden, vielmehr ist die entgegengesetzte Meinung, welche sich auf verschiedene Einzelvorschriften des Dekretes (s. art. 4. 26. 30. 33. 50) stützt, in der Praxis beobachtet worden, (vgl. Gaudry, traité de la législation des cultes. Paris 1856. Bd. 3 S. 226 ff. 301 ff). Da die Herrenhaus-Kommission bei der Formulirung des Artikels 14 allein die Verhältnisse in der Rheinprovinz im Auge hatte, in dieser aber, wie eben dargethan, der Vorsitz im Kirchenvorstande nicht kraft Gesetzes einem weltlichen Mitgliede zukam, so kann man die fraglichen Worte auch nicht im Sinne von „gesetzlich gebührte“ auslegen.

Gerade aber die Bezugnahme der Herrenhaus-Kommission auf das früher rheinische Recht bietet noch einen letzten und dritten Ausweg für die Auslegung des dunklen Artikels. Die zweifelhaften Worte wollen — das ist sicher — den früheren Rechtszustand in der Rheinprovinz bezeichnen. Richtig war diese zu charakterisiren als: „Landestheil, in welchem dem Pfarrer nicht gesetzlich ein Recht auf den Vorsitz gebührte, dieser vielmehr nach den gesetzlichen Vorschriften einem weltlichen Mitgliede zustehen konnte.“ Demnach kann es für die Scheidung der einzelnen Landestheile weder auf die rein faktischen Verhältnisse zur Zeit des Inkrafttretens des Gesetzes vom 20. Juni 1875, noch darauf, daß der Pfarrer gesetzlich zum Vorsitz unfähig erklärt war, vielmehr allein darauf ankommen, daß nach dem Gesetze ein weltliches Mitglied qualifizirt war, Vorsitzender zu sein.

Von diesem Standpunkt aus ist die Geltung des Artikels 14 ausgeschlossen, d. h. es bleibt bei den Vorschriften der §§. 5. 12 des Gesetzes vom 20. Juni 1875:

1. in dem linksrheinischen Theil der Rheinprovinz, in welchem französisches Recht in Kraft steht,

2. in dem rechtsrheinischen Theil der Rheinprovinz, welcher das ehemalige Großherzogthum Berg bildete.

Ob die erzbischöfliche Verordnung v. 1849 (s. o. S. 76), welche vom Erzbischof einseitig mit Rücksicht darauf, daß durch Artikel 12 der Verfassungsurkunde v. 5. Dezember 1848 die früheren Bestimmungen außer Kraft gesetzt seien, staatliche Gültigkeit beanspruchen konnte, oder ob es rechtlich bei dem früheren Zustande, welcher auf einem mit dem Fabrikdekrete v. 1809 übereinstimmenden Dekrets-Entwurf v. 24. Juli 1813 beruhte (vgl. die citirten Motive bei P. Hinschius a. a. O. S. 115. 116), verblieben ist, erscheint gleichgültig. Nimmt man das letztere an, so liegt die Sache gerade so, wie in dem zu 1 gedachten Gebiete. Wenn man aber die Verordnung von 1849 als rechtsgültig ansieht, so hat diese immer nicht den Pfarrer zum geborenen Vorsitzenden erklärt und die weltlichen Mitglieder vom Vorsitz ausgeschlossen;

3. in der ehemaligen freien Reichsstadt Frankfurt a. M., denn hier bestand der auf Grund der Konstitutionsergänzungsakte vom Jahre 1816, des Gesetzes vom 22. Oktober 1822 und vom 2. Februar 1830 gebildete und fungirende einheitliche Kirchenvorstand, (s. Frankfurter Gesetzsammlung Bd. I. S. 54; Bd. III. S. 145; Bd. IV. S. 201) nur aus 25 weltlichen Mitgliedern, (vgl. auch P. Hinschius, Kirchengesetze v. 1874 u. 1875 S. 119).

Die §§. 5. 12 des gedachten Gesetzes sind dagegen geändert und es tritt die Bestimmung des Artikels 14 in Kraft:

1. in den alten Provinzen im Gebiete des preußischen Landrechts. Nach ALR. II. 11 §. 694 brauchte der Pfarrer zwar nicht Kirchenvorsteher zu sein. Aber die Kirchenvorsteher, deren für jede Pfarrkirche mindestens zwei sein sollten (§. 624) bilden im Sinn des Landrechts kein einem Kirchenvorstand gleichzustellendes organisirtes Kolleg (§. 619) und haben nur die laufende Vermögensverwaltung zu besorgen. Das mit der Verwaltung der „äußeren Rechte der Kirchengesellschaft" (§. 157) und der Vermögensverwaltung (§. 217) betraute Organ nach dem ALR. ist vielmehr das Kirchen-Kollegium, und in diesem hatte der Pfarrer den Vorsitz (s. §. 156: „Die Kollegia einzelner Kirchen bestehen aus den Geistlichen und den ihnen zugeordneten Vorstehern"). Nur dieses darf also dem Kirchenvorstande gleichgestellt werden. Allerdings waren die Kirchenkollegien nach dem ALR. nicht bei jeder Kirche absolut nothwendig, aber darauf kann es nicht ankommen, weil der Artikel 14 organisirte Kollegien voraussetzt;

2. in den hohenzollernschen Landen, in welchen nach der staatlich vereinbarten erzbischöflichen Instruktion vom 1. Juli 1858 §. 2, (Archiv für katholisches Kirchenrecht Bd. 3 S. 343) der Pfarrer in der sog. Heiligen- oder Stiftungspflege den Vorsitz führt;

3. im ehemaligen Kurfürstenthum Hessen, für welches durch die beiden gleichlautenden Instruktionen vom 9. August 1832 und 9. Januar 1833 eine Kirchenprovision mit dem Pfarrer als Vorsitzenden eingesetzt war, und die nach Einführung der preußischen Verfassung vom General-Vikariat zu Fulda am 15. August 1868 erlassene Instruktion es dabei belassen hatte (Motive a. a. O. S. 117)

so daß es auf eine Untersuchung über die Rechtsgültigkeit der letzteren nicht ankommt;

4. in den ehemals bairischen Gebietstheilen der Provinz Hessen-Nassau, in welchen nach der der dort in Kraft gebliebenen bairischen Gesetzgebung der Pfarrer den Vorsitz in der sog. Kirchenverwaltung zu führen hatte, (s. Motive S. 118 u. Silbernagl, Verfassung sämmtl. Religionsgenossenschaften in Bayern. 2. Auflage. Regensburg 1883. S. 391);
5. in den ehemals großherzoglich hessischen Gebietstheilen der gedachten Provinz (hier war durch das Edikt, die Organisation der Kirchenvorstände betr., vom 6. Juni 1832 Art. 17, der Geistliche mit dem Vorsitz im Kirchenvorstande betraut);
6. in dem ehemals landgräflich hessischen Amte Homburg (in welchem die V. v. 18. Dezember 1842 und die Verfügung vom 6. Januar 1843 auf dem zu 5 citirten Edikt ruhten. Motive S. 119);
7. für die wenigen katholischen Gemeinden in der Provinz Schleswig-Holstein (s. Motive S. 120.)
8. Was endlich die Provinz Hannover anlangt, so war hier zwar durch die o. S. 76 erwähnten Ordnungen der Vorsitz dem Pfarrer übertragen worden. Da indessen das Gesetz v. 1848 selbst nicht in vollem Umfange Gesetzeskraft beansprucht hat, so kann der Art. 14 hier nur insoweit zur Geltung kommen, als das erstere durchgeführt worden war. Die Gemeinden, in welchen es keine Anwendung gefunden hat (s. o. S. 76), gehören nicht zu dem Landestheil, welcher sein Geltungsgebiet bildet. Für diese Gemeinden muß das frühere Recht, also die frühere Gewohnheit entscheiden. War nach derselben der Pfarrer nicht Vorsitzender des Kirchenvorstandes, so findet der Artikel 14 keine Anwendung und es verbleibt bei den §§. 5. 12 des früheren Gesetzes. Dasselbe muß auch für die Gemeinde in Leer gelten, denn, wenn auch hier der Pfarrer den Vorsitz, aber kein Stimmrecht führte, so war er in der That gar nicht vollberechtigtes Mitglied des Kirchenvorstandes, und nur von solchen handelt sowohl das frühere, wie das jetzige Gesetz.

Was die bisher nicht erwähnten Rechtsgebiete:

9. den rechtsrheinischen, gemeinrechtlichen Theil der Rheinprovinz (den Bezirk des ehemaligen Justizsenats Ehrenbreitstein),
10. das ehemalige Herzogthum Nassau und
11. Neu-Vorpommern und Rügen

betrifft, so haben hier, wie auch nach einzelnen Provinzialrechten in den alten preußischen Provinzen, z. B. in Schlesien, (s. z. B. das Güntersblumer Edikt v. 14. Juli 1793), und nach den seit Einführung der preußischen Verfassungsurkunde für einzelne Diözesen erlassenen bischöflichen Instruktionen (s. Motive S. 110) mehrere Kirchenvorsteher oder Sendschöffen neben dem Pfarrer und unter dessen Leitung fungirt, (a. a. O. S. 116. 118. 120).

Fest organisirte Kollegien sind diese mindestens nicht überall gewesen. Die Fassung des Artikels 14 trifft für diese Fälle ebenfalls nicht genau zu. Aber jedenfalls hat hier der Pfarrer stets kraft seines Amtes ein Recht auf die eigentliche Direktive gehabt, und deshalb muß angenommen werden, daß ihm in diesen Landestheilen der Vorsitz in den seit dem Gesetze vom 20. Juni 1875 gebildeten Kirchenvorständen hat übertragen werden sollen.

III. Weitere Unklarheiten des Artikels 14.

Mit der Bestimmung des Geltungsgebietes des Artikels 14 sind aber die Schwierigkeiten, welche der letztere bietet, noch nicht erledigt:

Nach demselben soll der Vorsitz „auf den ordnungsmäßig (richtiger: den gesetzmäßig) bestellten Pfarrer und Pfarrverweser“ übergehen.

Bei der Formulirung dieser Vorschrift ist einmal nicht beachtet, daß nach §. 5 des Gesetzes v. 20. Juni 1875 der Pfarrverweser niemals Mitglied des Kirchenvorstandes ist (s. P. Hinschius, Kirchengesetze v. 1874 u. 1875 S. 130 N. 43). Dazu macht ihn auch der Artikel 14 nicht, und so hat das neue Gesetz einen Vorsitzenden ohne Stimmrecht im Kirchenvorstande geschaffen.

Die weitere Frage, welche aufgeworfen werden muß, ist die: Was ist unter Pfarrverweser zu verstehen? Zu denken ist jedenfalls an den Geistlichen, welcher während der Vakanz des Pfarramtes den Pfarrer vertritt. Nun giebt es aber auch andere Fälle der Verwesung, z. B. längere Abwesenheit des Pfarrers wegen einer nöthigen Kur, länger andauernder Krankheit desselben. Dagegen wird schwerlich an blos vorübergehend und wechselnde Stellvertreter des Pfarrers gedacht sein, wenn der letztere blos kürzere Zeit verhindert ist (vgl. dazu meine Ausführungen im preuß. Kirchenrecht S. 91 N. 13). Ebensowenig wird angenommen werden können, daß da, wo der Pfarrer wegen hohen Alters seine Stelle nicht mehr voll versieht, sondern nur noch einzelne Amtshandlungen vornimmt, neben ihm aber ein coadiutor bestellt ist, bald der eine bald der andere beliebig dem Kirchenvorstand präsidiren soll. Offenbar hat der Artikel 14 den Pfarrer und Pfarrverweser nicht gleichstellen, sondern den letzteren nur eventuell, d. h. beim Fortfall des Pfarrers oder dann, wenn dieser die eigentliche leitende Amtsführung aus der Hand gegeben hat oder nicht mehr zu führen im Stande ist, den Vorsitz übertragen wollen.

Ferner kommt noch folgendes in Betracht. Nach §. 5 Nr. 1 des Gesetzes v. 1875 besteht der Kirchenvorstand:

> „in Pfarrgemeinden aus dem Pfarrer, in Filial-, Kapellen- rc. Gemeinden, welche eigene Geistliche haben, aus dem der Anstellung nach ältesten.“

Art. 14 weist die Vorschrift auf, daß der Vorsitz übergeht:

> „in Filialgemeinden auf die für dieselben ordnungsmäßig bestellten Pfarrgeistlichen.“

Hier ist unter dem Pfarrgeistlichen der für die Filialgemeinde besonders eingesetzte Geistliche zu verstehen, da in solchen nach §. 5 des Gesetzes vom 20. Juni 1875 der Pfarrer der Hauptparochie, zu welcher die Filialgemeinde gehört, nicht Mitglied des Kirchenvorstandes für die letztere ist.

Was die Fälle betrifft, in denen die Filialgemeinde keine eigenen Geistlichen besitzt, sondern der Pfarrer der Hauptgemeinde auch die Filiale versieht, so hatte das Ministerial-Reskirpt vom 22. März 1876 angenommen, daß der Hauptpfarrer nicht in den Kirchenvorstand der Filialgemeinde eintrete, da der §. 5 den Pfarrer nur zum geborenen Mitglied im Kirchenvorstand der Hauptpfarrgemeinde erklärt. Durch ein neueres Reskript vom 14. Oktober 1881 ist aber mit Rücksicht darauf, daß es angeblich an einer bestimmten Vorschrift fehle und sich ein praktisches Bedürfniß dafür geltend gemacht habe, erklärt worden, daß die Oberpräsidenten dem Eintritt des Pfarrers in die Kirchenvorstände der Nebengemeinden nicht entgegentreten sollten, (vgl. Archiv für kathol. Kirchenrecht 47 S. 161 und Juristische Rundschau für das katholische Deutschland Bd. I. Frankfurt a. M. 1882—1885 S. 318).

Das neuere Reskript entspricht jedenfalls dem Gesetze nicht. Das letztere ordnet die Bildung der zur vermögensrechtlichen Vertretung der kirchlichen Vermögensmassen rechtlich legitimirten Organe an (s. §. 8), und der §. 5 überläßt es nicht dem Belieben des Pfarrers oder eines anderen Geistlichen, in den Kirchenvorstand einzutreten. Das Reskript konnte sich also entweder nur auf den Standpunkt des früheren Reskriptes stellen oder unter Verwerfung desselben die Rechtsansicht billigen, — und dann mußte diese zur Durchführung gebracht werden — daß in den gedachten Filialgemeinden der Pfarrer auch geborenes Mitglied des Kirchenvorstandes ist.

Jetzt entsteht die Frage, ob in solchen Filialgemeinden der Vorsitz auf den Pfarrer der Hauptgemeinde als geborenen Vorsitzenden des Kirchenvorstandes für die letztere übergeht. Der Herrenhaus-Kommission ist anscheinend nichts von dem Wechsel der Auffassung bei der Central-Instanz bekannt gewesen, wenigstens ergiebt der Bericht nichts darüber, daß man für solche Filialgemeinden die Frage zu entscheiden beabsichtigt habe.

Nach dem Wortlaut des Artikels 14 wird man annehmen müssen, daß der Vorsitz in solchen Gemeinden nicht auf den Pfarrer übergeht, daß also die Herrenhaus-Kommission unabsichtlich die neuere Ministerial-Praxis gemißbilligt hat. Der Artikel 14 setzt den Pfarrgemeinden mit ihren Pfarrern und Pfarrverwesern die „Filialgemeinden mit den für dieselben ordnungsmäßig bestellten Pfarrgeistlichen“ gegenüber. In den Filialgemeinden, in denen kein besonderer Geistlicher angestellt ist, sondern der Pfarrer der Hauptgemeinde die Seelsorge gleichzeitig ausübt, giebt es aber keinen „für die Filialgemeinde bestellten Geistlichen“, denn der Pfarrer ist nicht für diese als solche eingesetzt. Es kann also hier der Vorsitz nicht auf den Pfarrer übergehen, umsoweniger, als er nach der richtigen Auffassung des §. 5 gar nicht berechtigt ist, in den Kirchenvorstand einzutreten.

Abgesehen davon hat die Herrenhaus-Kommission endlich vergessen, eine Bestimmung über die Kapellengemeinden zu treffen. Solche finden sich in dem französischen Rechtsgebiete der Rheinprovinz und in Hannover, (s. P. Hinschius a. a. O. S. 122). Für das erstere ist dies gleichgültig, denn für dasselbe wird durch das Gesetz vom 20. Juni 1875 Nichts abgeändert. Nach der Lage der Verhältnisse in Hannover können überhaupt 1) nur solche Kapellen in Betracht kommen, welche eine vermögensrechtliche Selbstständigkeit haben und lediglich von den zu ihr gehörigen Gemeinden unterhalten werden, und 2) ferner solche, welche zunächst von den geistlichen Behörden für neue und unvermögende Gemeinden unter Beihülfe von Vereinen und durch milde Gaben in das Leben gerufen worden sind, und von diesen, sofern die Gemeinden nicht selbst Mittel aufzubringen vermögen, unterhalten werden. Wie schon nach dem Hannoverschen Gesetze v. 1848, sind für diese Gemeinden auch nach dem Gesetze von 1875 besondere Kirchenvorstände errichtet worden.

Da die gedachten Gemeinden nicht die Stellung von Filialgemeinden haben, so wird man sie unter die zunächst im Artikel 14 erwähnten Gemeinden, welche hier nicht ausdrücklich als Pfarrgemeinden bezeichnet sind, begreifen müssen, und also für sie auch den Uebergang des Vorsitzes auf den leitenden Geistlichen anzunehmen haben.

Nach vorstehenden Ausführungen würde der §. 12 des Gesetzes vom 20. Juni 1875 folgendermaßen zu fassen sein:

„Der Kirchenvorstand wählt aus seinen im §. 5. Nr. 2. und 3. bezeichneten Mitgliedern bei dem Eintritt der neuen Kirchenvorsteher einen Vorsitzenden und einen Stellvertreter desselben, beide auf drei Jahre.

In denjenigen Landestheilen (oder richtiger: Rechtsgebieten), in welchen der Vorsitz im Vorstande einer katholischen Kirchengemeinde — Kirchenrath — nicht bereits vor dem Erlaß (oder besser: nicht bei dem Inkrafttreten) des Gesetzes vom 20. Juni 1875 einem weltlichen Mitgliede zustand (oder richtiger: nicht dem Pfarrer oder leitenden Geistlichen kraft seines geistlichen Amtes gesetzlich gebührte) steht der Vorsitz vom Inkrafttreten des Gesetzes vom 21. Mai 1886 ab dem ordnungsmäßig bestellten Pfarrer und (oder korrekter: in Ermangelung des Pfarrers oder im Falle einer bei länger andauernden Verhinderung desselben ein für alle Mal eingerichteten Pfarrverwesung) dem Pfarrverweser, in Filialgemeinden den für dieselben ordnungsmäßig bestellten Pfarrgeistlichen zu.

Der Abs. 1 findet auf die in dem Abs. 2 bezeichneten Gemeinden keine Anwendung.“

Artikel 15.

Das Lesen stiller Messen und das Spenden der Sterbesakramente unterliegt nicht den Strafbestimmungen der Gesetze vom 11. Mai 1873, 12. Mai 1873, 21. Mai 1874 (Gesetz-Samml. S. 139) und 22. April 1875 (Gesetz-Samml. S. 194).

I. Die Tragweite des Artikels.

Die im Art. 15 erwähnten Strafbestimmungen, welche ohne Angabe der §§. citirt sind, finden sich:

1. im Gesetz über die Vorbildung und Anstellung der Geistlichen vom 11. Mai 1873 §. 23:

„Wer geistliche Amtshandlungen in einem Amte vornimmt, welches ihm den Vorschriften der §§. 1. bis 3. zuwider übertragen worden ist, wird mit Geldstrafe bis zu 100 Thalern bestraft.

Dieselbe Strafe trifft denjenigen, der geistliche Amtshandlungen in einem von ihm nicht dauernd verwalteten Pfarramte vornimmt, nachdem er von dem Oberpräsidenten benachrichtigt worden ist, daß das Zwangsverfahren Behufs Wiederbesetzung der Stelle in Gemäßheit der Vorschrift in §. 18. Abs. 2. eingeleitet sei;"

§. 24:

„Wer geistliche Amtshandlungen vornimmt, nachdem er in Folge gerichtlichen Strafurtheils die Fähigkeit zur Ausübung des geistlichen Amtes verloren hat (§. 21.), wird mit Geldstrafe bis zu 100 Thalern bestraft;"

2. im Gesetz wegen Deklaration und Ergänzung des Gesetzes vom 11. Mai 1873. über die Vorbildung 2c., vom 21. Mai 1874 (GS. S. 139) Art. 2:

„Die Strafe des §. 23. des Gesetzes vom 11. Mai 1873. trifft einen jeden Geistlichen, welcher Amtshandlungen vornimmt, ohne den Nachweis führen zu können, daß er zu einem hierzu ermächtigenden Amte oder zur Stellvertretung oder zur Hülfsleistung in einem solchen Amte unter Beobachtung der §§. 1. bis 3. des genannten Gesetzes berufen worden sei;"

3. im Gesetz über die kirchliche Disziplinargewalt 2c. vom 12. Mai 1873, §. 31:

„Kirchendiener, welche Amtshandlungen vornehmen, nachdem sie in Gemäßheit des §. 30. aus ihrem Amte entlassen worden sind, (d. h. mit Rücksicht auf Artikel 1 des Abänderungsgesetzes vom 14. Juli 1880, gegen sie auf Unfähigkeit zur Bekleidung der innegehabten Aemter erkannt worden ist,) werden mit Geldbuße bis zu 100 Thalern, im Wiederholungsfalle bis zu 1000 Thalern bestraft;"

4. im Gesetz, betr. die Einstellung der Leistungen aus Staatsmitteln 2c. vom 22. April 1875 §. 15:

„Wer Amtshandlungen vornimmt, nachdem er in Gemäßheit des §. 12. dieses Gesetzes" (s. oben S. 65) „aus seinem Amt entlassen worden ist" (vgl. dazu Nr. 3), „wird mit Geldbuße bis zu 300 Mark, im Wiederholungsfalle bis zu 3000 Mark, bestraft."

Der Artikel 15 verdankt seine Entstehung einem Antrage in der Herrenhaus-Kommission und hat bei der Plenarberathung (s. stenograph. Berichte S. 219, Drucksachen Nr. 77) nur die Fassungsänderung erfahren, daß die von der Kommission nach dem Worte: Sterbesakramente hinzugesetzten weiteren Worte: „an Kranke in Nothfällen" gestrichen worden sind. Er war damit begründet worden, (Bericht S. 32)

„daß eine den Frieden herbeiführende Wirkung des vorliegenden Gesetzes nur dann zu erwarten sei, wenn die das katholische Volk besonders aufregende Bestimmung beseitigt werde, daß seine Priester wegen des Lesens der Messe oder des Spendens der Sterbesakramente bestraft würden. Es sei dies eine besonders empfindlich treffende und vielfach verbitternde Härte der Maigesetzgebung, zumal das Spenden der Sterbesakramente oft unter großen Mühen und Anstrengungen des Priesters erfolge".

Dadurch, daß er die vorher angeführten Strafbestimmungen für das Lesen stiller Messen und für das Spenden der Sterbesakramente beseitigt, erklärt er jeden katholischen Priester, gleichviel, ob er Inländer oder Ausländer ist, ob er die vorgeschriebene Bildung besitzt oder nicht, ob bei seiner Anstellung und Verwendung die Anzeigepflicht erfüllt ist oder nicht, ob er durch Urtheil der ordentlichen Kriminalgerichte aus seinem Amt entlassen oder gegen ihn auf Unfähigkeit zur Bekleidung seines Amtes erkannt worden ist oder nicht, für befugt, die gedachten geistlichen Handlungen vorzunehmen.

Nur die Beschränkung ist bestehen geblieben, daß die Mitglieder der geistlichen Orden und ordensähnlichen Kongregationen, welche vom Gebiete des Deutschen Reiches, wie die Jesuiten, Redemptoristen oder Liguorianer, Lazaristen oder Vincentiner und die Priester v. h. Geiste (Reichsgesetz vom 4. Juli 1872 und Bekanntmachung vom 5. Juli 1872, RGBl. S. 253. 254, u. vom 20. Mai 1873 a. a. O. S. 109), und die Mitglieder derjenigen geistlichen Genossenschaften, welche durch das Gesetz vom 31. Mai 1875 §. 1 vom Gebiete der preußischen Monarchie ausgeschlossen worden sind, die erwähnten Funktionen in Preußen nicht vornehmen dürfen. Für sie besteht das Verbot zufolge der gesetzlich ausgesprochenen Ausschließung von den gedachten Gebieten, nicht aber in Folge der vorhin angeführten Gesetze und der Strafbestimmungen derselben, (s. P. Hinschius, Kirchengesetze v. 1873 S. 132 und Kirchengesetze v. 1874 u. 1875 S. 92). Die für sie maßgebenden Vorschriften werden also durch die Aenderungen der letzteren nicht berührt.

II. Das Lesen stiller Messen.

Der Artikel 15 beseitigt zunächst die gedachten Strafbestimmungen für das Lesen stiller Messen. Die bisherige Verwaltungs- und Gerichtspraxis hatte schon seit Jahren angenommen, daß das Lesen einer Messe durch den Geistlichen allein, falls sie ohne Zuziehung von Andächtigen, in Betreff deren dadurch eine cura animarum ausgeübt werden könne, erfolge, als eine in Erfüllung der allgemeinen Priesterpflicht vorgenommene, also nicht strafbare Handlung anzusehen sei, (s. die Entscheidungen des ehem. Ober-Tribunals aus den Jahren 1874 und 1875, Oppenhoff, Rechtsprechung Bd. 15 S. 867 u. Bd. 16 S. 184. 527. 639, und des Kammergerichts von 1880 u. 1881, Johow, Jahrbuch d. Entscheidungen d. Kammergerichts Bd. 1 S. 214 u. Bd. 3 S. 331). Die Praxis hatte es also genügend berücksichtigt, daß nach katholischem Kirchenrecht jedem Priester kraft seiner Priesterweihe die Pflicht obliegt, das Messelesen nicht dauernd zu unterlassen, und damit jede Härte der betreffenden Strafbestimmungen beseitigt, umsomehr, als die gedachte Pflicht sich rechtlich nur soweit erstreckt, die Messe mindestens drei oder vier Mal im Jahre zu feiern, und es blos als wünschenswerth betrachtet wird, daß der Priester, wenn angänglich, die Messe jeden Tag lese, (P. Hinschius, Kirchenrecht Bd. IV S. 182).

Hat der Artikel 15 diese Praxis gesetzlich fixiren wollen oder ist er darüber hinausgegangen?

Er spricht vom Lesen „stiller Messen". Die Herrenhaus-Kommission hat es nicht für erforderlich erachtet, sich darüber Aufklärung zu verschaffen, was der Antragsteller unter „stillen Messen" verstanden hat, und offenbar diesen Begriff als einen feststehenden hingenommen. In der That ist er dies aber nicht. Unter stiller oder auch richtiger Privat-Messe versteht man:

1. diejenige, welche von dem celebrirenden Priester sine cantu gehalten wird, so daß er bestimmte vorgeschriebene Theile derselben (s. Missale romanum rubricae generales XVI N. 1) nicht singt, also nur spricht. Sie bleibt in diesem Falle selbst dann eine Privat- oder stille Messe, wenn der respondirende Chor singt, ja Musikbegleitung vorhanden ist, (Probst, Eucharistie als Opfer. Tübingen 1867. S. 1. 2; P. Hinschius a. a. O. S. 199 N. 4. 5). Dies ist die Bedeutung, welche man nach kirchlicher Gewohnheit und seitens der Kommentatoren der Rubriken des Missale regelmäßig mit der Bezeichnung stille Messe verbindet,

2. ferner diejenige Messe, bei welcher der Priester allein kommunizirt und die Gemeinde blos geistig am Opfer theilnehmend gedacht wird, (Benedicts XIV const. Certiores v. 13. November 1742, eiusd. bull. 1, 95; Richter-Dove, Kirchenrecht §. 240),

3. diejenige, welche in Privatoratorien blos in Gegenwart der einen oder anderen Person oder auch in der Kirche an einem Seiten-Altare an Nichtfeiertagen gelesen wird, (P. Hinschius a. a. O. S. 198. 199).

4. diejenige, welche auf Anliegen Einzelner gehalten wird (d. h. die private Votivmesse), (Permaneder, Kirchenrecht §. 426),

5. endlich die sog. missa solitaria, diejenige, welche ohne einen Ministranten celebrirt wird, wennschon die Unterlassung der Zuziehung eines solchen nur in dringenden Fällen oder kraft päpstlichen Indultes statthaben darf, (Richter-Dove a. a. O.; P. Hinschius a. a. O. S. 192).

Fragt man nun, welche Bedeutung dem Artikel 15 zu Grunde liegt, so ergeben die Motive der Herrenhaus-Kommission darüber nichts. Daß man das Wort: stille Messe in der ersten oder zweiten Bedeutung habe nehmen wollen, dürfte indessen jedenfalls ausgeschlossen sein. Für die Regel kommunicirt der Priester allein, und die Gemeinde wohnt der Messe nur an. Ebenso sind die Messen in den Pfarrkirchen nur an den Festtagen (Sonntagen und Feiertagen) als öffentliche (als solenne oder als missae mediae, cantatae gesungene) zu feiern, und diese Vorschrift ist auch nicht einmal überall, namentlich nicht bei kleineren Pfarrkirchen durchführbar und durchgeführt (s. P. Hinschius a. a. O. S. 199. 200. 201). Da nun die Messe den Mittelpunkt des katholischen Gottesdienstes bildet, ja der wesentlichste Gottesdienst die Meßfeier ist, so würden die Vorschriften der preußischen Kirchengesetzgebung für die Vornahme des größten und wichtigsten Theiles der rein geistlichen Amtshandlungen beseitigt sein, falls man dem Wort: „stille Messe“ die Bedeutung zu 1 oder zu 2 unterlegen wollte. Das konnte unmöglich beabsichtigt sein, da man, wie die gleiche Behandlung der Sterbesakramente zeigt, nur für Nothfälle gewisse Härten hat mildern wollen.

Aus demselben Grunde kann man auch die Worte nicht in der Bedeutung 4 auffassen, denn gerade Votivmessen besonders zu privilegiren, lag keine Veranlassung vor, und ebensowenig kann die Bedeutung zu 5 in Betracht kommen, weil die Theilnahme oder Abwesenheit von Ministranten für den Staat gar kein Interesse hat.

Man wird also auf die Bedeutung zu 3 verwiesen, und wird nur annehmen können, daß die Herrenhaus-Kommission im Anhalt an diese diejenigen Messen gemeint hat, bei welchen der Priester für sich allein, ohne daß er dies zur Erbauung der Gemeinde thut, also nicht Behufs der Theilnahme der Gemeindemitglieder, gleichviel ob mit einem Ministranten oder ohne einen solchen, celebrirt. Hierfür kann man sich ferner darauf berufen, daß der Antragsteller lediglich das Verbot des Messelesens durch die Priester als solche als eine Härte bezeichnet hat. Soll dem Artikel 15 also irgend ein fester und haltbarer Sinn untergelegt werden, so muß man die stille Messe als eine Messe der vorhingedachten Art, welche der Priester lediglich in Erfüllung seiner priesterlichen Pflicht liest, auffassen, gleichviel, ob ihr etwa zufällig der eine oder andere Gläubige beiwohnt.

III. Spendung der Sterbesakramente.

In demselben Umfange wie das Lesen der stillen Messen in dem zu I erörterten Sinne gestattet der Artikel 15 die Spendung der Sterbesakramente, d. h. des Abendmahles, welches im Fall der Todesgefahr, wenn es wahrscheinlich ist, daß der Gläubige dem Tode nahe ist, gereicht wird, des sog. viaticum (P. Hinschius a. a. O. S. 80. 81), und ferner der letzten Oelung (der sog. extrema unctio), welche ebenfalls nur dem Tode nahen Kranken ertheilt werden kann (a. a. O. S. 136). Zur Spendung beider Sakramente ist zwar in der Regel nur der zuständige Pfarrer berechtigt. Sie ist also im Gegensatz zu der Messe regelmäßig eine geistliche Amtshandlung des Pfarrers, nicht eine Handlung, welche in Erfüllung der bloßen Priesterpflicht vorgenommen wird. Aber andererseits hat auch ausnahmsweise, wenn der Fall dringend ist, und der Pfarrer nicht beschafft werden kann, jeder Priester als solcher die Befugniß zur Spendung der beiden Sakramente.

III.

Uebersicht

über

die durch die Gesetze, betreffend Abänderungen der kirchenpolitischen Gesetze vom 14. Juli 1880, vom 31. Mai 1882, vom 11. Juli 1883 und vom 21. Mai 1886 bewirkten Abänderungen.

1. Gesetz über die Vorbildung und Anstellung der Geistlichen vom 11. Mai 1873.

(G.S. S. 191.)

Wir Wilhelm, von Gottes Gnaden König von Preußen 2c. verordnen, mit Zustimmung beider Häuser des Landtages, für den Umfang der Monarchie, einschließlich des Jadegebiets, was folgt:

I. Allgemeine Bestimmungen.

§. 1. Ein geistliches Amt darf in einer der christlichen Kirchen nur einem Deutschen übertragen werden, welcher seine wissenschaftliche Vorbildung nach den Vorschriften dieses Gesetzes dargethan hat und gegen dessen Anstellung kein Einspruch von der Staatsregierung erhoben worden ist.

§. 2. Die Vorschriften des §. 1. kommen vorbehaltlich der Bestimmungen in Absatz 1. bis 3. zur Anwendung, gleichviel, ob das Amt dauernd oder widerruflich übertragen werden oder nur eine Stellvertretung oder Hülfsleistung in demselben statthaben soll.

Ausländern kann auch, ohne daß die Vorschriften des §. 1. beobachtet sind, die Vornahme von geistlichen Amtshandlungen durch den Minister der geistlichen Angelegenheiten gestattet werden. Die Grundsätze, nach welchen dies zu geschehen hat, sind vom Staatsministerium mit Königlicher Genehmigung festzustellen[1]).

Das Einspruchsrecht der Staatsregierung findet keine Anwendung:

1) bei der Uebertragung von Seelsorge-Aemtern, deren Inhaber unbedingt abberufen werden können,

2) bei der Anordnung einer Hülfsleistung oder Stellvertretung in einem geistlichen Amte, welche nicht in der Bestel-

---

[1]) S. Ges. v. 31. Mai 1882 Art. 3 Abs. 2, P. Hinschius, preuß. Kirchenrecht S. 507.

lung des Verwesers eines Pfarramtes (Administrators, Provisors 2c.) besteht[2]),

3) wenn eine geistliche Amtshandlung von einem gesetzmäßig angestellten Geistlichen in dem Bezirk eines anderen besetzten oder erledigten geistlichen Amtes vorgenommen wird, ohne daß dieser dabei die Absicht bekundet, dort ein geistliches Amt zu übernehmen[3]). Die mit der Stellvertretung oder Hülfsleistung in einem geistlichen Amte gesetzmäßig beauftragten Geistlichen gelten auch nach Erledigung dieses Amts als gesetzmäßig angestellte Geistliche im Sinne des ersten Satzes der Nummer 3[4]).

Ist Gefahr im Verzuge, so kann auch in den Fällen, in denen das Einspruchsrecht nach Absatz 1. und 3. dieses §. statt hat, eine Stellvertretung oder Hülfsleistung einstweilen und vorbehaltlich des Einspruchs der Staatsregierung angeordnet werden[5]).

§. 3. Die Vorschriften des §. 1. kommen, vorbehaltlich der Bestimmungen des §. 26., auch zur Anwendung, wenn einem bereits im Amte (§. 2.) stehenden Geistlichen ein anderes geistliches Amt, welches kein Seelsorger-Amt ist, dessen Inhaber unbedingt abberufen werden kann[6]), übertragen oder eine widerrufliche Anstellung in eine dauernde verwandelt werden soll.

II. Vorbildung zum geistlichen Amte.

§. 4. Zur Bekleidung eines geistlichen Amts ist die Ablegung der Entlassungsprüfung auf einem Deutschen Gymnasium, die Zurücklegung eines dreijährigen theologischen Studiums auf einer Deutschen Staats-Universität — —[7]) erforderlich.

§. 5. Der Minister der geistlichen Angelegenheiten ist ermächtigt, mit Rücksicht auf ein vorangegangenes anderes Universitätsstudium, als das der Theologie, oder mit Rücksicht auf ein an einer außerdeutschen Staats-Universität zurückgelegtes Studium, oder mit Rücksicht auf einen sonstigen, besonderen Bildungsgang von dem vorgeschriebenen dreijährigen Studium an einer Deutschen Staats-Universität einen angemessenen Zeitraum zu erlassen.

Außerdem ist der im Absatz 1. bezeichnete Minister ermächtigt, nach den vom Staatsministerium mit Königlicher Genehmigung festgestellten Grundsätzen von den Erfordernissen des §. 4. zu dispensiren[8]).

---

[2]) Zu Nr. 2 und 3 s. Ges. v. 11. Juli 1883 Art. 1, a. a. O. S. 90 f.

[3]) S. Ges. v. 14. Juli 1880 Art. 5 Abs. 1, a. a. O. S. 502.

[4]) S. das cit. Ges. Art. 5 Abs. 2, a. a. O. S. 503.

[5]) S. a. a. O. S. 54.

[6]) S. Anm. 2.

[7]) Die an Stelle der Lücke im Gesetze befindlichen Worte: „sowie die Ablegung einer wissenschaftlichen Staatsprüfung" sind durch Ges. v. 21. Mai 1886 Art. 1 beseitigt, s. o. S. 5ff.

[8]) Vgl. Ges. v. 31. Mai 1882 Art. 3 Abs. 2, s. o. S. 6 und P. Hinschius, preuß. Kirchenrecht S. 507.

§. 6.[9]) Das theologische Studium kann auch an den zur wissenschaftlichen Vorbildung der Geistlichen geeigneten kirchlichen Seminaren, welche bis zum Jahre 1873 bestanden haben, zurückgelegt werden.

Zur Wiedereröffnung und Fortführung dieser Anstalten sind

1) dem Minister der geistlichen Angelegenheiten die Statuten und der Lehrplan einzureichen und die Namen der Leiter und Lehrer, welche Deutsche sein müssen, mitzutheilen;
2) ist der Lehrplan dem Universitätslehrplan gleichartig zu gestalten:
3) es ist zur Anstellung an diesen Anstalten die wissenschaftliche Befähigung erforderlich, an einer deutschen Staatsuniversität in der Disziplin zu lehren, für welche die Anstellung erfolgt.

Diese Seminare sind nur für diejenigen Studirenden bestimmt, welche dem Sprengel angehören, für den das Seminar errichtet ist. Hiervon kann jedoch der Minister der geistlichen Angelegenheiten Ausnahmen gestatten.

Der Minister der geistlichen Angelegenheiten macht die zur wissenschaftlichen Vorbildung geeigneten Seminare öffentlich bekannt.

Die Wiedereröffnung der Seminare für die Erzdiözese Gnesen-Posen und die Diözese Kulm wird durch Königliche Verordnung bestimmt.

§. 7. Während des vorgeschriebenen Universitätsstudiums dürfen die Studirenden einem kirchlichen Seminare nicht angehören.

§. 8. (Aufgehoben)[9a]).

§. 8a.[10]) Die kirchlichen Oberen sind befugt, Konvikte für Zöglinge, welche Gymnasien, Universitäten und kirchliche Seminare, hinsichtlich deren die gesetzlichen Voraussetzungen für den Ersatz des Universitätsstudiums refüllt sind, besuchen, zu errichten und zu unterhalten.

---

[9]) Ges. v. 21. Mai 1886 Art. 2, s. o. S. 8. Der dadurch beseitigte §. 6 lautete: „Das theologische Studium kann in den bei Verkündigung dieses Gesetzes in Preußen bestehenden, zur wissenschaftlichen Vorbildung der Theologen bestimmten kirchlichen Seminaren zurückgelegt werden, wenn der Minister der geistlichen Angelegenheiten anerkennt, daß dieses Studium das Universitätsstudium zu ersetzen geeignet sei.

Diese Vorschrift findet jedoch nur auf die Seminare an denjenigen Orten Anwendung, an welchen sich keine theologische Fakultät befindet, und gilt nur für diejenigen Studirenden, welche dem Sprengel angehören, für den das Seminar errichtet ist.

Die im ersten Absatze erwähnte Anerkennung darf nicht verweigert werden, wenn die Einrichtung der Anstalt den Bestimmungen dieses Gesetzes entspricht und der Minister der geistlichen Angelegenheiten den Lehrplan derselben genehmigt".

[9a]) Durch Ges. v. 21. Mai 1886 Art. 1 s. o. S. 5. Der § lautete: „Die Staatsprüfung hat nach zurückgelegtem theologischen Studium statt. Zu derselben darf nur zugelassen werden, wer den Vorschriften dieses Gesetzes über die Gymnasialbildung und theologische Vorbildung vollständig genügt hat.

Die Prüfung ist öffentlich und wird darauf gerichtet, ob der Kandidat sich die für seinen Beruf erforderliche allgemeine wissenschaftliche Bildung, insbesondere auf dem Gebiete der Philosophie, der Geschichte und der Deutschen Literatur erworben habe.

Der Minister der geistlichen Angelegenheiten trifft die näheren Anordnungen über die Prüfung".

[10]) Nach dem cit. Ges. Art. 3 eingeschaltet, s. o. S. 15.

Dem Minister der geistlichen Angelegenheiten sind die für diese Konvikte geltenden Statuten und die auf die Hausordnung bezüglichen Vorschriften einzureichen, sowie die Namen der Leiter und Erzieher, welche Deutsche sein müssen, mitzutheilen.

§. 8b.[11]) Die kirchlichen Oberen sind befugt, die zur theologisch-praktischen Vorbildung bestimmten Anstalten (Prediger- und Priesterseminare) wieder zu eröffnen.

Dem Minister der geistlichen Angelegenheiten sind die Statuten dieser Anstalten und die für dieselben geltende Hausordnung einzureichen, sowie die Namen der Leiter und Lehrer, welche Deutsche sein müssen, mitzutheilen.

§. 9. Alle kirchlichen Anstalten, welche der Vorbildung der Geistlichen dienen (Knabenseminare, Klerikalseminare, Prediger- und Priesterseminare, Konvikte rc.), stehen unter Aufsicht des Staats[12]).

Die Hausordnung und das Reglement über die Disziplin in den nicht von den §§. 6., 8a und 8b. betroffenen[13]) Anstalten, der Lehrplan der Knabenseminare — — — — — — —[14]), sind dem Oberpräsidenten der Provinz von dem Vorsteher der Anstalten vorzulegen.

Die in Abs. 2 bezeichneten Anstalten unterliegen der Revision durch Kommissarien, welche der Oberpräsident ernennt.

§. 10. An den im Absatz 2 des §. 9.[15]) gedachten Anstalten darf als Lehrer oder zur Wahrnehmung der Disziplin nur ein Deutscher angestellt werden, welcher seine wissenschaftliche Befähigung nach Vorschrift des §. 11. dargethan hat und gegen dessen Anstellung kein Einspruch von der Staatsregierung erhoben worden ist.

Die Vorschriften der §. 2. Absatz 1. und §. 3. finden entsprechende Anwendung, jedoch ist der Minister der geistlichen Angelegenheiten ermächtigt, nach den vom Staatsministerium mit Königlicher Genehmigung festgestellten Grundsätzen Ausländern die Ausübung der im Absatz 1. bezeichneten Aemter zu gestatten[16]).

§. 11. Zur Anstellung an einem Knabenseminare — — — — — — —[17]) ist die Befähigung zur entsprechenden Anstellung an einem Preußischen Gymnasium — — — —[18]) erforderlich — — — —[19]).

---

[11]) Art. 4 a. a. O., s. o. S. 19.

[12]) Vgl. Art. 5 a. a. O. und o. S. 22.

[13]) D. h. in den Knabenseminaren und in anderen als den seit dem Inkrafttreten des Ges. v. 21. Mai 1886 wieder eröffneten Priester- und Prediger-Seminaren, s. o. S. 18. 20. 22.

[14]) Hier müssen in Folge der Art. 2, 3 und 5 des citirten Gesetzes die ursprünglichen Worte: „und Knabenkonvikte, sowie derjenigen Seminare, für welche die in §. 6. bezeichnete Anerkennung ertheilt ist", wegfallen.

[15]) Der ursprüngliche Wortlaut war: „vorstehenden Paragraphen", s. vor. Anm.

[16]) Vgl. Ges. v. 31. Mai 1882 Art. 3 Abs. 2.

[17]) Die ursprünglichen Worte: „oder Knabenkonvikte" fallen fort, s. Anm. 10.

[18]) Hier müssen die Worte „zur Anstellung an einer für die theologische wissenschaftliche Vorbildung bestimmten Anstalt die Be-

Der Minister der geistlichen Angelegenheiten ist ermächtigt, nach den vom Staatsministerium mit Königlicher Genehmigung festgestellten Grundsätzen von dem Erfordernisse des Absatzes 1. zu dispensiren[20]).

Kleriker und Predigtamts-Kandidaten müssen die für Geistliche vorgeschriebene Vorbildung besitzen.

Dieselbe genügt zur Anstellung an den zur theologisch-praktischen Vorbildung bestimmten Anstalten, auf welche §. 8b. keine Anwendung findet[21]).

§. 12. Für die Erhebung des Einspruchs gegen die Anstellung an den im §. 9. Abs. 2. bezeichneten Anstalten[22]) finden die Bestimmungen entsprechende Anwendung, welche die Erhebung des Einspruchs gegen die Anstellung von Geistlichen regeln (§§. 15—17.).

§. 13. Werden die in den §§. 9—11. enthaltenen Vorschriften oder die getroffenen Anordnungen[23]) der Staatsbehörden nicht befolgt, so ist der Minister der geistlichen Angelegenheiten ermächtigt, bis zur Befolgung die der Anstalt gewidmeten Staatsmittel einzubehalten oder die Anstalt zu schließen.

Unter der angegebenen Voraussetzung und bis zu dem bezeichneten Zeitpunkte können Zöglinge der Knabenseminare — — —[24]) von dem Besuche der Gymnasien und von der Entlassungsprüfung ausgeschlossen[24a]) werden. Diese Anordnungen stehen dem Minister der geistlichen Angelegenheiten zu.

[25]) Nach Errichtung eines Königlichen Gerichtshofes für die kirchlichen Angelegenheiten kann über die Gesetzmäßigkeit der nach diesem Paragraphen getroffenen Anordnungen und Verfügungen innerhalb 30 Tagen bei dem gedachten Gerichtshofe Berufung eingelegt werden. Durch Einlegung derselben wird die Vollstreckung der angefochtenen Anordnung oder Verfügung nicht aufgehalten. Der Gerichtshof kann jedoch bestimmen, daß bis zur endgültigen Entscheidung die Vollstreckung unterbleibe.

§. 14. Knabenseminare — — —[26]) (§. 9.) dürfen nicht mehr errichtet und in die bestehenden Anstalten dieser Art neue Zöglinge nicht mehr aufgenommen werden.

Im Falle der Aufnahme neuer Zöglinge ist der Minister der geistlichen Angelegenheiten zur Schließung der betreffenden Anstalt befugt.

---

fähigung" gestrichen werden, s. Art. 2 des Gesetzes v. 21. Mai 1886 und oben §. 6.

[19]) An dieser Stelle fallen die Worte: „an einer Deutschen Staats-Universität in der Disziplin zu lehren, für welche die Anstellung erfolgt" aus, s. vor. Anm.

[20]) S. Gesetz v. 31. Mai 1882 Art. 3 Abs. 2.

[21]) Zusatz auf Grund des Artikels 5 des Ges. v. 21. Mai 1886; s. Anm. 12 und 13.

[22]) Anm. 13.

[23]) d. h. also in Betreff der in Anm. 13 erwähnten Anstalten.

[24]) Die ursprünglichen Worte: „und Knabenkonvikte" sind durch Art. 3 des Gesetzes v. 21. Mai 1886, s. oben §. 8a, beseitigt.

[24a]) Hier entfallen die Worte: und den im §. 6. erwähnten Anstalten die ertheilte Anerkennung entzogen werden, s. Anm. 9.

[25]) Dieser Absatz ist thatsächlich suspendirt, s. o. S. 65, 66.

[26]) S. über die fortgefallenen Worte: „und Knabenkonvikte" Anm. 24.

III. Anstellung der Geistlichen.

§. 15. Die geistlichen Oberen sind verpflichtet, soweit das Einspruchsrecht der Staatsregierung nach den §§. 1—3. statthat, denjenigen Kandidaten, dem ein geistliches Amt oder eine Stellung der im §. 2. gedachten Art übertragen werden soll, dem Oberpräsidenten unter Bezeichnung des Amtes zu benennen[27]).

Dasselbe gilt bei Versetzung eines Geistlichen in ein anderes geistliches Amt oder bei Umwandlung einer widerruflichen Anstellung in eine dauernde.

Innerhalb dreißig Tagen nach der Benennung kann Einspruch gegen die Anstellung erhoben werden.

Die Erhebung des Einspruchs steht dem Oberpräsidenten zu.

§. 16. Der Einspruch ist zulässig:

1) wenn dem Anzustellenden die gesetzlichen Erfordernisse zur Bekleidung des geistlichen Amtes fehlen;
2) wenn der Anzustellende wegen eines Verbrechens oder Vergehens, welches das Deutsche Strafgesetzbuch mit Zuchthaus oder mit dem Verluste der bürgerlichen Ehrenrechte oder mit dem Verluste der öffentlichen Aemter bedroht, verurtheilt ist oder sich in Untersuchung befindet;
3) wenn gegen den Anzustellenden Thatsachen vorliegen, welche die Annahme rechtfertigen, daß derselbe den Staatsgesetzen, oder den innerhalb ihrer gesetzlichen Zuständigkeit erlassenen Anordnungen der Obrigkeit entgegenwirken oder den öffentlichen Frieden stören werde.

Die Thatsachen, welche den Einspruch begründen, sind anzugeben[28]).

§. 17. Die Uebertragung eines geistlichen Amtes, welche den Vorschriften der §§. 1. bis 3. zuwiderläuft, oder welche vor Ablauf der im §. 15. für die Erhebung des Einspruchs gewährten Frist erfolgt, gilt als nicht geschehen.

§. 18. Jedes Pfarramt ist innerhalb eines Jahres vom Tage der Erledigung, wo gesetzlich oder observanzmäßig ein Gnadenjahr besteht, vom Tage der Erledigung der Pfründe an gerechnet, dauernd zu besetzen. Die Frist ist vom Oberpräsidenten im Falle des Bedürfnisses auf Antrag angemessen zu verlängern.

Nach Ablauf der Frist ist der Oberpräsident befugt, die Wiederbesetzung der Stelle durch Geldstrafen bis zum Betrage von 1000 Thalern zu erzwingen. Die Androhung und Festsetzung der Strafe darf wiederholt werden, bis dem Gesetze genügt ist.

Außerdem ist der Minister der geistlichen Angelegenheiten ermächtigt, bis dahin Staatsmittel einzubehalten, welche zur Unterhaltung der Stelle oder des-

---

27) S. Anm. 2 ff.

28) Ges. v. 11. Juli 1883 Art. 2, wodurch die beiden letzten Absätze des § lautend: „Gegen die Einspruchserklärung kann innerhalb 30 Tagen bei dem Königlichen Gerichtshofe für die kirchlichen Angelegenheiten und, so lange dessen Einsetzung nicht erfolgt ist, bei dem Minister der geistlichen Angelegenheiten Berufung eingelegt werden.

Die Entscheidung ist endgültig".
beseitigt sind.

jenigen geistlichen Oberen dienen, der das Pfarramt zu besetzen oder die Besetzung zu genehmigen hat.

§. 19. Die Errichtung von Seelsorgeämtern, deren Inhaber unbedingt abberufen werden dürfen, ist nur mit Genehmigung des Ministers der geistlichen Angelegenheiten zulässig.

Die Bestimmungen des §. 18. beziehen sich auch auf die sogenannten Sukkursal-Pfarreien des Französischen Rechts mit der Maßgabe, daß die in Absatz 1. des §. 18. vorgeschriebene Frist vom Tage der Publikation dieses Gesetzes an zu laufen beginnt.

§. 20. Anordnungen oder Vereinbarungen, welche die durch das Gesetz begründete Klagbarkeit der aus dem geistlichen Amtsverhältnisse entspringenden vermögensrechtlichen Ansprüche ausschließen oder beschränken, sind nur mit Genehmigung der Staatsbehörde zulässig.

§. 21. Die Verurtheilung zur Zuchthausstrafe, die Aberkennung der bürgerlichen Ehrenrechte und der Fähigkeit zur Bekleidung öffentlicher Aemter hat die Erledigung der Stelle, die Unfähigkeit zur Ausübung des geistlichen Amtes und den Verlust des Amtseinkommens zur Folge.

IV. Strafbestimmungen.

§. 22. Ein geistlicher Oberer, welcher den §§. 1. bis 3. zuwider ein geistliches Amt überträgt oder die Uebertragung genehmigt, wird mit Geldstrafe von 200 bis zu 1000 Thalern bestraft.

Dieselbe Strafe trifft denjenigen, welcher der Vorschrift des §. 19. Abs. 1. zuwiderhandelt.

§. 23. Wer geistliche Amtshandlungen in einem Amte vornimmt, welches ihm den Vorschriften der §§. 1. bis 3. zuwider übertragen worden ist, wird mit Geldstrafe bis zu 100 Thalern bestraft.

Dieselbe Strafe trifft denjenigen, der geistliche Amtshandlungen in einem von ihm nicht dauernd verwalteten Pfarramte vornimmt, nachdem er von dem Oberpräsidenten benachrichtigt worden ist, daß das Zwangsverfahren Behufs Wiederbesetzung der Stelle in Gemäßheit der Vorschrift in §. 18. Abs. 2. eingeleitet sei.

Der Strafbestimmung des Abs. 1. unterliegen geistliche Amtshandlungen nicht, welche gesetzmäßig angestellte Geistliche in Bezirken anderer geistlicher Aemter, gleichviel ob dieselben besetzt sind oder nicht, vornehmen, ohne dabei die Absicht zu bekunden, dort ein geistliches Amt zu übernehmen, ebensowenig solche geistliche Amtshandlungen, welche von den mit der Stellvertretung oder Hülfsleistung in einem geistlichen Amte gesetzmäßig beauftragten Geistlichen nach Erledigung des letzteren innerhalb der Grenzen ihres Auftrages vorgenommen werden[29]).

---

[29]) Ges. v. 14. Juli 1880 Art. 5, s. preußisches Kirchenrecht S. 502 und Ges. v. 11. Juli 1883 Art. 3, s. a. a. O. S. 93.

Den Strafbestimmungen des Abs. 1. und Abs. 2. unterliegt nicht das Lesen stiller Messen und das Spenden der Sterbesakramente[30]).

§. 24. Wer geistliche Amtshandlungen, abgesehen von den im §. 23 Abs. 4 gedachten, vornimmt, nachdem er in Folge gerichtlichen Strafurtheils die Fähigkeit zur Ausübung des geistlichen Amtes verloren hat (§. 21.), wird mit Geldstrafe bis zu 100 Thalern bestraft.

V. Uebergangs- und Schlußbestimmungen.

§. 25. Ausländer, welchen vor Verkündung dieses Gesetzes ein geistliches Amt (§. 2.) oder eines der im §. 10. erwähnten Aemter an kirchlichen Anstalten übertragen worden ist, haben bei Vermeidung der Folgen des §. 21. innerhalb sechs Monaten die Reichsangehörigkeit zu erwerben.

Der Minister der geistlichen Angelegenheiten kann mit Rücksicht auf die besonderen Bedürfnisse des einzelnen Falles diesen Zeitraum verlängern.

§. 26. Die Vorschriften dieses Gesetzes über den Nachweis wissenschaftlicher Vorbildung und Befähigung finden keine Anwendung auf Personen, welche vor Verkündung dieses Gesetzes im geistlichen Amte angestellt sind oder die Fähigkeit zur Anstellung im geistlichen Amte erlangt haben.

Außerdem ist der Minister der geistlichen Angelegenheiten ermächtigt, denjenigen Personen, welche vor Verkündung dieses Gesetzes in ihrer Vorbildung zum geistlichen Amte vorgeschritten waren, den in diesem Gesetze vorgeschriebenen Nachweis der Vorbildung ganz oder theilweise zu erlassen.

Der Minister der geistlichen Angelegenheiten ist auch ermächtigt, Ausländer von den Erfordernissen des §. 4. dieses Gesetzes zu dispensiren.

§. 27. (Beseitigt)[31]).

§. 28. Die Vorschriften dieses Gesetzes über das Einspruchsrecht des Staats (§§. 1. 3. 10. 12. 15. und 16.) finden in den Fällen keine Anwendung, in welchen die Anstellung durch Behörden erfolgt, deren Mitglieder sämmtlich vom Könige ernannt werden.

§. 29. Soweit die Mitwirkung des Staats bei Besetzung geistlicher Aemter auf Grund des Patronats oder besonderer Rechtstitel anderweit geregelt ist, behält es dabei sein Bewenden.

Desgleichen werden die bestehenden Rechte des Staats bezüglich der Anstellung von Geistlichen beim Militair und an öffentlichen Anstalten durch das vorliegende Gesetz nicht berührt.

§. 30. Der Minister der geistlichen Angelegenheiten ist mit der Ausführung dieses Gesetzes beauftragt.

Urkundlich 2c.

---

30) Ges. v. 21. Mai 1886 Art. 15, s. o. S. 82 ff.

31) Durch Ges. v. 21. Mai 1886 Art. 1, s. o. S. 6. Der §. 2 lautete: „Die in den §§. 4. und 8. dieses Gesetzes vorgeschriebene Staatsprüfung kann mit der theologischen Prüfung verbunden werden, insofern die Einrichtung dieser letzteren Prüfung und die Bildung der Prüfungskommissionen Behörden zusteht, deren Mitglieder sämmtlich oder theilweise vom Könige ernannt werden".

2. Gesetz wegen Deklaration ꝛc. des Gesetzes vom 11. Mai 1873. über die Vorbildung ꝛc.

Vom 21. Mai 1874.

(G.S. S. 139.)

Wir Wilhelm, von Gottes Gnaden König von Preußen ꝛc. verordnen, mit Zustimmung beider Häuser des Landtages Unserer Monarchie, zur Deklaration und Ergänzung des Gesetzes über die Vorbildung und Anstellung der Geistlichen vom 11. Mai 1873., was folgt:

Art. 1. Das Gesetz vom 11. Mai 1873. wird dahin deklarirt, daß die Uebertragung eines geistlichen Amtes, sowie die Genehmigung einer solchen Uebertragung auch dann den Vorschriften der §§. 1. bis 3. des Gesetzes zuwider sind, wenn dieselben ohne die im §. 15. daselbst vorgeschriebene Benennung des Kandidaten oder vor dieser Benennung oder vor Ablauf der im §. 15. für die Erhebung des Einspruchs gewährten Frist erfolgen.

Art. 2. Die Strafe des §. 23. des Gesetzes vom 11. Mai 1873. trifft einen jeden Geistlichen, welcher abgesehen von dem Lesen stiller Messen und dem Spenden der Sterbesakramente[1]) Amtshandlungen vornimmt, ohne den Nachweis führen zu können, daß er zu einem hierzu ermächtigenden Amte oder zur Stellvertretung oder zur Hülfsleistung in einem solchen Amte unter Beobachtung der §§. 1. bis 3. des genannten Gesetzes berufen worden sei.

Der im Absatz 1. geforderte Nachweis gilt in Betreff derjenigen Geistlichen, welche nach Erledigung eines geistlichen Amtes Amtshandlungen innerhalb des Amtssprengels desselben vorgenommen haben, als erbracht, wenn sie dargethan, daß sie mit einer dazu ermächtigenden Stellvertretung oder Hülfeleistung in dem Amte vor Erledigung desselben gesetzmäßig beauftragt waren.

Die Bestimmung des Absatzes 1. findet keine Anwendung auf gesetzmäßig angestellte Geistliche, welche in den Bezirken anderer geistlicher Aemter, gleichviel ob dieselben erledigt sind oder nicht, geistliche Amtshandlungen vornehmen, ohne dabei die Absicht zu bekunden, dort ein geistliches Amt zu übernehmen[2]).

3. Gesetz über die kirchliche Disziplinargewalt und die Errichtung des königlichen Gerichtshofes für kirchliche Angelegenheiten.

Vom 12. Mai 1873.

(G.S. S. 198.)

Wir ꝛc. verordnen, mit Zustimmung beider Häuser des Landtages, für den Umfang der Monarchie, einschließlich des Jadegebiets, was folgt:

---

[1]) Einschaltung nach Art. 15 des Ges. v. 21. Mai 1886, s. o. S. 82 ff.

[2]) Vgl. Ges. v. 14. Juli 1880 Art. 5 und Ges. v. 11. Juli 1883 Art. 3.

§. 1. Kirchendiener im Sinne dieses Gesetzes sind nur solche Personen, welche die mit einem geistlichen oder jurisdiktionellen Amt verbundenen Rechte und Verrichtungen ausüben[1]).

§. 2. Kirchliche Disziplinarstrafen, welche gegen die Freiheit oder das Vermögen gerichtet sind, dürfen nur nach Anhörung des Beschuldigten verhängt werden.

Der Entfernung aus dem Amte (Entlassung, Versetzung, Suspension, unfreiwillige Emeritirung u. s. w.) muß, wenn mit der Entfernung der Verlust oder eine Minderung des Amtseinkommens verbunden ist[2]), ein geordnetes prozessualisches Verfahren vorausgehen.

In allen diesen Fällen ist die Entscheidung schriftlich unter Angabe der Gründe zu erlassen.

§. 3. Die körperliche Züchtigung ist als kirchliche Disziplinarstrafe oder Zuchtmittel unzulässig.

§. 4. Geldstrafen dürfen den Betrag von 30 Thalern, oder, wenn das einmonatliche Amtseinkommen höher ist, den Betrag des letzteren nicht übersteigen.

§. 5. Die Strafe der Freiheitsentziehung (§. 2.) darf nur in der Verweisung in eine Demeriten-Anstalt bestehen.

Die Verweisung darf die Dauer von drei Monaten nicht übersteigen und die Vollstreckung derselben wider den Willen des Betroffenen weder begonnen, noch fortgesetzt werden. Die Verweisung in eine außerdeutsche Demeriten-Anstalt ist unzulässig.

§. 6. Die Demeriten-Anstalten sind der staatlichen Aufsicht unterworfen[3]).

Dem Minister der geistlichen Angelegenheiten sind die Statuten und die Hausordnung der Demeritenanstalten einzureichen, sowie die Namen der Leiter derselben mitzutheilen. Am Schlusse jedes Jahres ist dem Minister der geistlichen Angelegenheiten ein Verzeichniss der Demeriten, welches deren Namen, die gegen sie erkannten Strafen und die Zeit der Aufnahme und Entlassung enthält, einzureichen[4]).

Die übrigen Artikel sind hier fortgelassen, da sie von dem neuen Gesetz nicht berührt sind. S. preuß. Kirchenrecht S. 502 u. S. 93.

[1]) So muß der §. 1 nach Art. 6 Abs. 2 des Gesetzes vom 21. Mai 1886 lauten, s. o. S. 28. Der Abs. 1 dieses Artikels hat zugleich den ursprünglichen § lautend: §. 1. „Die kirchliche Disziplinargewalt über Kirchendiener darf nur von Deutschen kirchlichen Behörden ausgeübt werden", beseitigt s. o. S. 36.

[2]) Der Zusatz ist durch Art. 7 des Gesetzes v. 21. Mai 1886 bedingt, s. o. S. 39.

[3]) Vgl. Art. 8 Abs. 3 des Gesetzes v. 21. Mai 1886, s. o. S. 45.

[4]) Die lateinischen Worte sind Art. 8 Abs. 1 des cit. Ges. Sie treten an Stelle des ursprünglichen Wortlautes:

„Ihre Hausordnung ist dem Oberpräsidenten der Provinz zur Genehmigung einzureichen. — Er ist befugt, Visitationen der Demeriten-Anstalten anzuordnen, und von ihren Einrichtungen Kenntniß zu nehmen. — Von der Aufnahme eines Demeriten hat der Vorsteher der Anstalt unter Angabe der Behörde, welche sie verfügt, binnen 24 Stunden dem Oberpräsidenten Anzeige zu machen. — Ueber sämmtliche Demeriten ist von dem Vorsteher ein Verzeichniß zu führen, welches den Namen derselben, die gegen sie erkannten Strafen und die Zeit der Aufnahme und Entlassung enthält. Am Schluß jedes Jahres ist das Verzeichniß dem Oberpräsidenten einzureichen".

§. 7. Von einer Verweisung in eine Demeritenanstalt für länger als vierzehn Tage, oder einer Entfernung aus dem Amte ist dem Oberpräsidenten gleichzeitig mit der Zustellung an den Betroffenen Mittheilung zu machen[5]).

§. 8. Der Oberpräsident ist befugt, die Befolgung der in dem §. 5. und §. 6. Abs. 1.[6]) enthaltenen Vorschriften und der auf Grund derselben von ihm erlassenen Verfügungen durch Geldstrafen bis zum Betrage von 1000 Thalern zu erzwingen.

Die Androhung und Festsetzung der Strafe darf wiederholt werden, bis dem Gesetze genügt ist.

Außerdem kann die Demeriten-Anstalt geschlossen werden.

§. 9. Eine Vollstreckung kirchlicher Disziplinar-Entscheidungen im Wege der Staatsverwaltung findet nur dann statt, wenn dieselben von dem Oberpräsidenten nach erfolgter Prüfung der Sache für vollstreckbar erklärt worden sind.

§§. 10—23. Aufgehoben[7]).

---

[5]) Dieser § (Art. 8 Abs. 2 des Gesetzes v. 21. Mai 1886) tritt an die Stelle des ursprünglichen §. 7. lautend: „Von jeder kirchlichen Disziplinar-Entscheidung, welche auf eine Geldstrafe von mehr als 20 Thalern, auf Verweisung in eine Demeriten-Anstalt für mehr als 14 Tage, oder auf Entfernung aus dem Amte (§. 2.) lautet, ist dem Oberpräsidenten, gleichzeitig mit der Zustellung an den Betroffenen, Mittheilung zu machen.

Die Mittheilung muß die Entscheidungsgründe enthalten"; s. auch Art. 8 Abs. 3 des cit. Gesetzes u. o. S. 47.

[6]) Dieses Citat ist auf Grund des Art. 8 Abs. 1 u. 3 a. a. O. an die Stelle des früheren: „§§. 5—7." zu setzen.

[7]) Durch Artikel 10 Abs. 1 des Gesetzes vom 21. Mai 1886, s. o. S. 52. Die §§ lauteten: §. 10. „Gegen Entscheidungen der kirchlichen Behörden, welche eine Disziplinarstrafe verhängen, steht die Berufung an die Staatsbehörde (§. 32.) offen:

1) wenn die Entscheidung von einer durch die Staatsgesetze ausgeschlossenen Behörde ergangen ist;
2) wenn die Vorschriften des §. 2. nicht befolgt worden sind;
3) wenn die Strafe gesetzlich unzulässig ist;
4) wenn die Strafe verhängt ist:
   a) wegen einer Handlung oder Unterlassung, zu welcher die Staatsgesetze oder die von der Obrigkeit innerhalb ihrer Zuständigkeit erlassenen Anordnungen verpflichten,
   b) wegen Ausübung oder Nichtausübung eines öffentlichen Wahl- und Stimmrechts,
   c) wegen Gebrauchs der Berufung an die Staatsbehörde (§. 32.) auf Grund dieses Gesetzes.

§. 11. Die Berufung findet außerdem statt, wenn

1) die Entfernung aus dem kirchlichen Amte (§. 2. Abs. 2.) als Disziplinarstrafe oder sonst wider den Willen des davon Betroffenen ausgesprochen worden ist, und die Entscheidung der klaren thatsächlichen Lage widerspricht oder die Gesetze des Staates oder allgemeine Rechtsgrundsätze verletzt;
2) nach erfolgter vorläufiger Suspension vom Amte das weitere Verfahren ungebührlich verzögert wird.

§. 12. Die Berufung steht Jedem zu, gegen welchen die Entscheidung ergangen ist, sobald er die dagegen zulässigen Rechtsmittel bei der vorgesetzten kirchlichen Instanz ohne Erfolg geltend gemacht hat.

Liegt ein öffentliches Interesse vor, so steht die Berufung auch dem Oberpräsidenten zu, jedoch erst dann, wenn die bei den kirchlichen Behörden angebrachten Rechtsmittel ohne Erfolg geblieben sind, oder die Frist zur Einlegung derselben versäumt ist.

§. 13. Die Berufung ist bei dem Königlichen Gerichtshofe für kirchliche Angelegenheiten schriftlich anzumelden.

Die Frist zur Anmeldung beträgt in den Fällen des §. 10. und §. 11. Abs. 1. für den durch die Entscheidung Betroffenen vier Wochen. Sie beginnt mit Ablauf des Tages, an welchem die Entscheidung mit Gründen ihm zugestellt ist.

In den Fällen des §. 11. Abs. 2. ist die Berufung an keine Frist gebunden.

Für den Oberpräsidenten beträgt die Frist, wenn ihm die Entscheidung als endgültige amtlich mitgetheilt ist, drei Monate, andernfalls ist derselbe an keine Frist gebunden.

§. 14. Durch Einlegung der Berufung wird die Vollstreckung der angefochtenen Entscheidung aufgehalten. Der Gerichtshof ist jedoch befugt, die vorläufige Vollstreckung zu gestatten. Andernfalls kann die Einstellung der Vollstreckung von dem Gerichtshofe durch Geldstrafen bis zum Betrage von 1000 Thalern erzwungen werden (§. 8. Abs. 2.).

§. 15. Die Berufung ist innerhalb 14 Tagen nach der Anmeldung schriftlich zu rechtfertigen. Diese Frist kann auf Antrag verlängert werden.

§. 16. Die Anmeldung und die Rechtfertigungsschrift wird der kirchlichen Behörde zur Abgabe einer schriftlichen Erklärung und Einreichung der Akten innerhalb 4 Wochen zugefertigt. Die Einreichung der Akten kann erzwungen werden, geeignetenfalls durch Geldstrafen bis zum Betrage von 1000 Thalern (§. 8. Abs. 2.).

§. 17. Der Gerichtshof trifft die zur Aufklärung der Sache erforderlichen Verfügungen. Die Beweisverhandlungen sind unter Zuziehung eines vereideten Protokollführers aufzunehmen.

§. 18. Die Entscheidung erfolgt auf Grund mündlicher Verhandlung in öffentlicher Sitzung.

Die Oeffentlichkeit kann durch Beschluß des Gerichtshofes ausgeschlossen oder auf bestimmte Personen beschränkt werden.

§. 19. Zu den Verhandlungen (§§. 17. und 18.) sind der Berufende und die kirchliche Behörde zuzuziehen. Dieselben können sich durch einen Advokaten oder Rechtsanwalt vertreten lassen. Im Fall ihres Ausbleibens wird nach Lage der Verhandlungen erkannt.

Außerdem ist der Minister der geistlichen Angelegenheiten zu benachrichtigen, welcher einen Beamten mit seiner Vertretung beauftragen kann. Hat der Oberpräsident die Berufung eingelegt, so übernimmt der von dem Minister bezeichnete Beamte die Vertretung des Berufenden.

§. 20. In dem Termin zur mündlichen Verhandlung giebt ein von dem Vorsitzenden des Gerichtshofes aus der Zahl seiner Mitglieder ernannter Referent eine Darstellung der Sache, wie sie aus den bisherigen Verhandlungen hervorgeht. Hierauf wird der Berufende oder dessen Vertreter, sowie der Vertreter der kirchlichen Behörde und des Ministers der geistlichen Angelegenheiten mit ihren Vor- und Anträgen gehört.

§. 21. Bei der Entscheidung hat der Gerichtshof, ohne an positive Beweisregeln gebunden zu sein, nach seiner freien, aus dem ganzen Inbegriff der Verhandlungen und Beweise geschöpften Ueberzeugung zu entscheiden. In dem Urtheil ist entweder die Verwerfung der Berufung oder die Vernichtung der angefochtenen Entscheidung auszusprechen.

Das mit Gründen versehene Urtheil wird in der Sitzung, in welcher die mündliche Verhandlung beendet worden ist, oder in einer der nächsten Sitzungen

§. 24[8]). Gegen Kirchendiener, welche die auf ihr Amt oder ihre geistlichen Amtsverrichtungen bezüglichen Vorschriften der Staatsgesetze oder die in dieser Hinsicht von der Obrigkeit innerhalb ihrer gesetzlichen Zuständigkeit getroffenen Anordnungen so schwer verletzen, daß ihr Verbleiben im Amte mit der öffentlichen Ordnung unverträglich erscheint, kann auf Antrag der Staatsbehörde durch gerichtliches Urtheil auf Unfähigkeit zur Bekleidung ihres Amts erkannt[9]) werden.

Die Aberkennung der Fähigkeit zur Bekleidung des Amts hat den Verlust des Amtseinkommens zur Folge[9]).

§. 25. Dem Antrage muß eine Aufforderung an die vorgesetzte kirchliche Behörde vorausgehen, gegen den Angeschuldigten die kirchliche Untersuchung auf Entlassung aus dem Amte einzuleiten. Steht der Angeschuldigte unter keiner kirchlichen Behörde innerhalb des Deutschen Reichs, so ist derselbe zur Niederlegung seines Amtes aufzufordern.

Die Aufforderung erfolgt schriftlich unter Angabe des Grundes von dem Oberpräsidenten der Provinz.

§. 26. Wird der Aufforderung nicht binnen gesetzter Frist Folge gegeben, oder führt die kirchliche Untersuchung nicht binnen gesetzter Frist zur Entlassung des Angeschuldigten aus dem Amt, so stellt der Oberpräsident bei dem Gerichtshofe für kirchliche Angelegenheiten den Antrag auf Einleitung des Verfahrens.

§. 27. Auf das Ersuchen des Gerichtshofes hat das Gericht höherer Instanz, in dessen Bezirk der Angeschuldigte seinen amtlichen Wohnsitz hat, einen etatsmäßigen Richter mit Führung der Voruntersuchung zu beauftragen. Bei der Voruntersuchung kommen die entsprechenden Bestimmungen der Strafprozeß-Gesetze zur Anwendung.

Die Verrichtungen der Staatsanwaltschaft werden durch einen von dem Minister der geistlichen Angelegenheiten ernannten Beamten wahrgenommen.

---

verkündet und eine Ausfertigung desselben dem Berufenden oder dessen Vertreter, sowie der kirchlichen Behörde und dem Minister der geistlichen Angelegenheiten zugestellt.

§. 22. Ueber die mündliche Verhandlung wird ein Protokoll aufgenommen, welches die Namen der Anwesenden und die wesentlichen Momente der Verhandlung enthalten muß.

Das Protokoll wird von dem Vorsitzenden und dem vereideten Protokollführer unterzeichnet.

§. 23. Wird die angefochtene Entscheidung vernichtet, so hat die kirchliche Behörde die Aufhebung der Vollstreckung zu veranlassen und die Wirkung der bereits getroffenen Maßregeln zu beseitigen.

Der Oberpräsident ist befugt, die Befolgung der von ihm deshalb erlassenen Verfügungen durch Geldstrafen bis zum Betrage von 1000 Thalern zu erzwingen (§. 8. Abs. 2.).

Gegen diese Verfügungen steht der kirchlichen Behörde die Beschwerde bei dem Gerichtshofe für die kirchlichen Angelegenheiten offen".

[8]) Dieser § und die folgenden bis §. 30 sind durch Beseitigung des Gerichtshofes für kirchliche Angelegenheiten, Art. 9 des Gesetzes v. 21. Mai 1886 thatsächlich suspendirt, s. o. S. 62.

[9]) Die gesperrt gedruckten Worte sind Aenderungen, welche durch das Gesetz vom 14. Juli 1880 Art. 1 gemacht sind, s. preuß. Kirchenrecht S. 501.

§. 28. Der Gerichtshof kann mit Rücksicht auf den Ausfall der Voruntersuchung das Verfahren einstellen. In diesem Fall erhält der Angeschuldigte Ausfertigung des darauf bezüglichen mit Gründen auszufertigenden Beschlusses.

§. 29. Wird das Verfahren nicht eingestellt, so ist der Angeschuldigte unter Mittheilung der von dem Beamten der Staatsanwaltschaft anzufertigenden Anschuldigungsschrift zur mündlichen Verhandlung vorzuladen. Derselbe kann sich des Beistandes eines Advokaten oder Rechtsanwaltes als Vertheidigers bedienen.

Außerdem ist der Minister der geistlichen Angelegenheiten zu benachrichtigen.

§. 30. Für das Verfahren finden die Bestimmungen der §§. 17. 18. 20. 21. 22. sinnentsprechende Anwendung.

In dem Urtheil ist entweder die Freisprechung oder die Unfähigkeit des Angeschuldigten zur Bekleidung der von ihm innegehabten Aemter[10]) auszusprechen.

§. 31. Kirchendiener, welche Amtshandlungen vornehmen, nachdem gegen sie in Gemäßheit des §. 30. auf Unfähigkeit zur Bekleidung ihres Amtes erkannt worden ist[10]), werden mit Geldbuße bis zu 100 Thalern, im Wiederholungsfalle bis zu 1000 Thalern bestraft.

Die Bestimmung des Absatzes 1. findet auf das Lesen stiller Messen und das Spenden der Sterbesakramente keine Anwendung[11]).

§§. 32—37. Aufgehoben[12]).

---

[10]) S. die vorige Anm.

[11]) S. Art. 15 des Ges. vom 21. Mai 1886 u. o. S. 82.

[12]) Durch Art. 9 des cit. Gesetzes, s. o. S. 49. Die §§ lauteten: §. 32. „Zur Entscheidung der in den §§. 10—23. und 24—30. bezeichneten, sowie der anderweitig durch Gesetz zugewiesenen Angelegenheiten wird eine Behörde errichtet, welche den Namen:

„Königlicher Gerichtshof für kirchliche Angelegenheiten“

führt und ihren Sitz in Berlin hat.

§. 33. Der Gerichtshof besteht aus eilf Mitgliedern. Der Präsident und wenigstens fünf andere Mitglieder müssen etatsmäßig angestellte Richter sein. Die mündliche Verhandlung und Entscheidung in den einzelnen Sachen erfolgt durch sieben Mitglieder. Der Vorsitzende und wenigstens drei Beisitzer müssen zu den richterlichen Mitgliedern gehören.

Die Geschäftsordnung, insbesondere die Befugnisse des Präsidenten und die Reihenfolge, in welcher die Mitglieder an den einzelnen Sitzungen Theil zu nehmen haben, wird durch ein Regulativ geordnet, welches der Gerichtshof zu entwerfen und dem Staatsministerium zur Bestätigung einzureichen hat.

Durch Plenarbeschlüsse des Gerichtshofes können auch die in diesem Gesetz gegebenen Vorschriften des Verfahrens ergänzt und deren sinngemäße Anwendung auf andere durch Gesetz dem Gerichtshofe überwiesene Angelegenheiten geregelt werden.

§. 34. Die Mitglieder des Gerichtshofes werden vom Könige auf den Vorschlag des Staatsministeriums und zwar die bereits in einem Staatsamte angestellten für die Dauer ihres Hauptamts, die anderen Mitglieder auf Lebenszeit ernannt.

Für die Rechte und Pflichten der Mitglieder des Gerichtshofes sind die für die Mitglieder des Obertribunals bestehenden Vorschriften maßgebend.

§. 38. Das Erforderniß staatlicher Bestätigung kirchlicher Disziplinar-Entscheidungen und der Rekurs wegen Mißbrauchs der kirchlichen Disziplinar-Strafgewalt an den Staat treten, soweit solche im bisherigen Rechte begründet sind, außer Kraft.

Urkundlich 2c.

4. Gesetz über die Grenzen des Rechts zum Gebrauche kirchlicher Straf- und Zuchtmittel.

Vom 13. Mai 1873.

(G.S. S. 205.)

Wir Wilhelm 2c. verordnen, mit Zustimmung beider Häuser des Landtages der Monarchie, für den Umfang der letzteren, einschließlich des Jadegebiets, was folgt:

§. 1. Keine Kirche oder Religionsgesellschaft ist befugt, andere Straf- oder Zuchtmittel anzudrohen, zu verhängen oder zu verkünden, als solche, welche dem rein religiösen Gebiete angehören oder die Entziehung eines innerhalb der Kirche oder Religionsgesellschaft wirkenden Rechts oder die Ausschließung aus der Kirchen- oder Religionsgesellschaft betreffen.

Straf- oder Zuchtmittel gegen Leib, Vermögen, Freiheit oder bürgerliche Ehre sind unzulässig.

§. 2. Die nach §. 1. zulässigen Straf- oder Zuchtmittel dürfen über ein Mitglied einer Kirche oder Religionsgesellschaft nicht deshalb verhängt oder verkündet werden:

1) weil dasselbe eine Handlung vorgenommen hat, zu welcher die Staatsgesetze oder die von der Obrigkeit innerhalb ihrer gesetzlichen Zuständigkeit erlassenen Anordnungen verpflichten;
2) weil dasselbe öffentliche Wahl- oder Stimmrechte in einer bestimmten Richtung ausgeübt oder nicht ausgeübt hat.

§. 3. Ebensowenig dürfen derartige Straf- oder Zuchtmittel angedroht, verhängt oder verkündet werden:

1) um dadurch zur Unterlassung einer Handlung zu bestimmen, zu welcher die Staatsgesetze oder die von der Obrigkeit innerhalb ihrer gesetzlichen Zuständigkeit erlassenen Anordnungen verpflichten;
2) um dadurch die Ausübung oder Nichtausübung öffentlicher Wahl- und Stimmrechte in bestimmter Richtung herbeizuführen.

§. 4. Die Verhängung der nach diesem Gesetz zulässigen Straf- und Zuchtmittel darf nicht öffentlich bekannt gemacht werden.

---

§. 35. Der Gerichtshof entscheidet endgültig mit Ausschluß jeder weiteren Berufung.

§. 36. Die Justiz- und Verwaltungsbehörden haben den an sie ergehenden Ersuchen des Gerichtshofes Folge zu geben. Die Beschlüsse und Entscheidungen des Gerichtshofes sind im Verwaltungswege vollstreckbar.

§. 37. Ueber die Verpflichtung zur Zahlung der Kosten des Verfahrens entscheidet der Gerichtshof nach freiem Ermessen. Als Kosten werden nur baare Auslagen in Ansatz gebracht".

Eine auf die Gemeindemitglieder beschränkte Mittheilung ist nicht ausgeschlossen.

Die Vollziehung oder Verkündung derartiger Straf- oder Zuchtmittel darf auch nicht in einer beschimpfenden Weise erfolgen.

§. 4a. Unter die Bestimmungen der §§. 2.—4. fällt die Versagung kirchlicher Gnadenmittel nicht[1]).

§. 5. Geistliche, Diener, Beamte oder Beauftragte einer Kirche oder Religionsgesellschaft, welche den Vorschriften dieses Gesetzes (§§. 1.—4a.)[2]) zuwider Straf- oder Zuchtmittel androhen, verhängen oder verkünden, werden mit Geldstrafen bis zu 200 Thalern oder mit Haft oder mit Gefängniß bis zu einem Jahre und in schwereren Fällen mit Geldstrafen bis zu 500 Thalern oder mit Gefängniß bis zu zwei Jahren bestraft.

§. 6. Die besonderen Disziplinarbefugnisse der Kirchen und Religionsgesellschaften über ihre Diener und Beamten und die darauf bezüglichen Rechte des Staats werden durch dieses Gesetz nicht berührt.

Insbesondere findet das dem Staat in solchen Gesetzen vorbehaltene Recht der Entlassung von Kirchendienern wegen Verletzung der öffentlichen Ordnung unabhängig von den in §. 5. enthaltenen Strafbestimmungen statt.

Urkundlich ꝛc.

5. Gesetz über die Verwaltung erledigter katholischer Bisthümer.

Vom 20. Mai 1874.

(G.S. S. 135.)

Wir Wilhelm ꝛc. verordnen, mit Zustimmung beider Häuser des Landtages, für den Umfang der Monarchie, was folgt:

§. 1. In einem katholischen Bisthume, dessen Stuhl erledigt, oder gegen dessen Inhaber auf Unfähigkeit zur Bekleidung seines bischöflichen Amts durch gerichtliches Urtheil erkannt worden ist[1]), dürfen die mit dem bischöflichen Amte verbundenen Rechte und geistlichen Verrichtungen, insgesammt oder einzeln, soweit sie nicht die Güterverwaltung betreffen, bis zur Einsetzung eines staatlich anerkannten Bischofs nur nach Maßgabe der folgenden Bestimmungen dieses Gesetzes ausgeübt werden.

§. 2. Wer bischöfliche Rechte oder Verrichtungen der im §. 1. bezeichneten Art ausüben will, hat dem Oberpräsidenten der Provinz, in welcher sich der erledigte Bischofssitz oder der Bischofssitz, gegen dessen Inhaber auf Unfähigkeit zur Bekleidung des bischöflichen Amtes durch gerichtliches Urtheil erkannt worden ist[2]), befindet, hiervon unter Angabe des Umfangs der auszuübenden Rechte schriftliche Mittheilung zu machen, dabei

---

[1]) Eingeschaltet auf Grund des Art. 12 des Ges. v. 21. Mai 1886 s. o. S. 66.

[2]) Jetzt muß es statt 4. heißen 4a., s. vor. Anm.

[1]) Ges. v. 14. Juli 1880 Art. 1; preuß. Kirchenrecht S. 485.

[2]) S. vor. Anm.

den ihm ertheilten kirchlichen Auftrag darzuthun, sowie den Nachweis zu führen, daß er die persönlichen Eigenschaften besitzt, von denen das Gesetz vom 11. Mai 1873. (Gesetz-Samml. 1873. S. 191.) die Uebertragung eines geistlichen Amtes abhängig macht. Zugleich hat er zu erklären, daß er bereit sei, sich eidlich zu verpflichten, dem Könige treu und gehorsam zu sein und die Gesetze des Staates zu befolgen.

Die Vorschriften des Abs. 1. finden keine Anwendung, wenn staatlich anerkannte Bischöfe einzelne Weihehandlungen in erledigten Diözesen vornehmen[3]).

Das Staatsministerium ist ermächtigt, durch Beschluss von der im Abs. 1. vorgeschriebenen eidlichen Verpflichtung und von dem Nachweise der nach Abs. 1. erforderlichen persönlichen Eigenschaften, mit Ausnahme des Erfordernisses der Deutschen Staatsangehörigkeit, zu dispensiren[4]).

§. 3. Innerhalb zehn Tagen nach Empfang der Mittheilung kann der Oberpräsident gegen die beanspruchte Ausübung der im §. 1. genannten bischöflichen Rechte oder Verrichtungen Einspruch erheben. Auf die Erhebung des Einspruchs finden die Vorschriften des §. 16. des Gesetzes vom 11. Mai 1873. (Gesetz-Samml. S. 191.) Anwendung[5]).

Wenn kein Einspruch erhoben oder der Einspruch von dem Minister der geistlichen Angelegenheiten[6]) verworfen worden ist, erfolgt die im §. 2. vorgeschriebene eidliche Verpflichtung vor dem Oberpräsidenten oder einem von demselben ernannten Kommissarius.

§. 4. Wer vor der eidlichen Verpflichtung, ohne von derselben durch Beschluss des Staatsministeriums dispensirt zu sein[7]), bischöfliche Rechte oder Verrichtungen der im §. 1. Abs. 1. bezeichneten Art außer im Falle des §. 2. Abs. 2.[8]) ausübt, wird mit Gefängniß von sechs Monaten bis zu zwei Jahren bestraft.

Dieselbe Strafe trifft den persönlichen Vertreter oder Beauftragten eines Bischofs (Generalvikar, Offizial u. s. w.), welcher nach Erledigung des bischöflichen Stuhles oder nachdem gegen den Inhaber durch gerichtliches Urtheil auf Unfähigkeit zur Bekleidung seines bischöflichen Amtes erkannt worden ist[9]), fortfährt, bischöfliche Rechte oder Verrichtungen auszuüben, ohne anderweit in Gemäßheit der §§. 2. und 3. die Befugniß zur Ausübung derselben erlangt zu haben.

Die vorgenommenen Handlungen sind ohne rechtliche Wirkung.

§. 5. Kirchendiener, welche auf Anordnung oder im Auftrage eines

---

[3]) Ges. v. 11. Juli 1883 Art. 4, preuß. Kirchenrecht S. 489.

[4]) Ges. v. 21. Mai 1886 Art. 11, Ges. v. 14. Juli 1880, Ges. v. 31. Mai 1882 Art. 1, s. a. a. O. S. 488 u. o. S. 66.

[5]) Wegen des Fortfalles der Berufung an den Gerichtshof für kirchliche Angelegenheiten s. Ges. v. 11. Juli 1883 Art. 2 Nr. 3, preuß. Kirchenrecht S. 488.

[6]) S. vor. Anm.

[7]) S. Anm. 4.

[8]) S. Anm. 3.

[9]) S. Anm. 1.

staatlich nicht anerkannten oder in Folge gerichtlichen Erkenntnisses aus seinem Amte entlassenen oder zur Bekleidung desselben für unfähig erklärten Bischofs[10]) oder einer Person, welche bischöfliche Rechte oder Verrichtungen den Vorschriften dieses Gesetzes zuwider ausübt, oder eines von diesen Personen ernannten Vertreters Amtshandlungen vornehmen, werden mit Geldstrafe bis zu Einhundert Thalern oder mit Haft oder mit Gefängniß bis zu Einem Jahre und wenn auf Grund eines solchen Auftrags bischöfliche Rechte oder Verrichtungen ausgeübt sind, mit Gefängniß von sechs Monaten bis zwei Jahren bestraft.

§. 6. Wenn die Stelle eines Bischofs in Folge gerichtlichen Urtheils erledigt worden ist, hat der Oberpräsident das Domkapitel zur sofortigen Wahl eines Bisthumsverwesers (Kapitelsvikars) aufzufordern.

Erhält der Oberpräsident nicht innerhalb zehn Tagen Nachricht von der zu Stande gekommenen Wahl oder erfolgt nicht binnen weiteren vierzehn Tagen die eidliche Verpflichtung des Gewählten oder eine Dispensation durch Beschluss des Staatsministeriums[11]), so ernennt der Minister der geistlichen Angelegenheiten einen Kommissarius, welcher das dem bischöflichen Stuhle gehörige und das der Verwaltung desselben oder des jeweiligen Bischofs unterliegende bewegliche und unbewegliche Vermögen in Verwahrung und Verwaltung nimmt. Zwangsmaßregln, welche erforderlich werden, um das Vermögen der Verfügung des Kommissars zu unterwerfen, trifft der Oberpräsident.

Derselbe ist befugt, schon vor Ernennung des Kommissars und selbst schon bei Erlaß der Aufforderung an das Domkapitel das im Vorstehenden bezeichnete Vermögen in Verwahrung zu nehmen und die hierzu erforderlichen Maßregeln nöthigenfalls zwangsweise zu treffen.

§. 7. Die Bestimmungen des §. 6. finden gleichfalls Anwendung:

1) wenn in einem Falle, in welchem die Stelle eines Bischofs in Folge gerichtlichen Urtheils erledigt ist, der Bisthumsverweser aus seinem Amte ausscheidet, ohne daß die Einsetzung eines neuen staatlich anerkannten Bischofs stattgefunden hat, und

2) wenn in anderen Fällen der Erledigung eines bischöflichen Stuhles oder wenn durch gerichtliches Urtheil gegen den Inhaber auf Unfähigkeit zur Bekleidung seines Amtes erkannt worden ist[12]) bischöfliche Rechte oder Verrichtungen von Personen ausgeübt werden, welche den Erfordernissen der §§. 2. und 3. nicht entsprechen.

§. 8. Die Bestimmungen des §. 6. über die Bestellung eines Kommissarius zur Verwaltung des dort bezeichneten Vermögens, sowie über die Beschlagnahme dieses Vermögens finden ferner in allen Fällen Anwendung, wenn ein erledigter bischöflicher Stuhl nicht innerhalb eines Jahres nach der Erledigung mit einem staatlich anerkannten Bischofe wiederbesetzt ist.

Der Minister der geistlichen Angelegenheiten ist ermächtigt, die Frist zu verlängern.

---

10) S. Anm. 1.
11) S. Anm. 4.
12) S. Anm. 1.

§. 9. Die Verwaltungsbefugnisse des Bischofs gehen auf den Kommissarius über.

Die Kosten der Verwaltung werden aus dem Vermögen vorweg entnommen.

Der Kommissarius vertritt den bischöflichen Stuhl oder den Bischof als solchen in allen vermögensrechtlichen Beziehungen nach Außen. Er führt die dem Bischof zustehende obere Verwaltung und Aufsicht über das kirchliche Vermögen in dem bischöflichen Sprengel, einschließlich des Pfarr-, Vikarie-, Kaplanei- und Stiftungsvermögens, sowie über das zu kirchlichen Zwecken bestimmte Vermögen aller Art.

Der Kommissarius wird Dritten gegenüber durch die mit Siegel und Unterschrift versehene Ernennungsurkunde auch in den Fällen legitimirt, in welchen die Gesetze eine Spezialvollmacht oder eine gerichtliche, notarielle oder anderweitig beglaubigte Vollmacht erfordern.

§. 10. Die Verwaltung des Kommissars endet, sobald ein in Gemäßheit der Vorschriften dieses Gesetzes gültig bestellter Bisthumsverweser (Kapitelsvikar) die Bisthumsverwaltung übernimmt, oder sobald die Einsetzung eines staatlich anerkannten Bischofs stattgehabt hat.

Der Kommissarius ist für seine Verwaltung nur der vorgesetzten Behörde verantwortlich, und die von ihm zu legende Rechnung unterliegt der Revision der Königlichen Ober-Rechnungskammer in Gemäßheit der Vorschrift des §.10. Nr. 2. des Gesetzes vom 27. März 1872. (Gesetz-Samml. 1872. S. 278.). Eine anderweite Verantwortung oder Rechnungslegung findet nicht statt.

§. 11. Der Oberpräsident bringt die nach den Vorschriften dieses Gesetzes erfolgte Bestellung des Bisthumsverwesers, sowie die Ernennung des Kommissars unter Angabe des Tages, an welchem ihre Amtsthätigkeit begonnen hat, ingleichen das Erlöschen der Amtsthätigkeit und den Tag desselben durch den Staatsanzeiger, sowie durch sämmtliche Amts- und Kreisblätter, welche in dem bischöflichen Sprengel erscheinen, zur öffentlichen Kenntniß.

§. 12. Die Anwendung der §§. 6. bis 11. wird dadurch nicht ausgeschlossen, daß das Domkapitel für die Dauer der Erledigung des bischöflichen Stuhles einen besonderen Vermögensverwalter (Oekonomen) bestellt oder selbst die Verwaltung übernommen hat, oder daß eine besondere bischöfliche Behörde für dieselbe besteht.

§§. 13.—18. suspendirt[13]).

§. 19. Wenn vor dem Tage, an welchem dieses Gesetz in Kraft tritt, die Stelle eines Bischofs in Folge gerichtlichen Urtheils erledigt worden ist, so finden die Vorschriften dieses Gesetzes ebenfalls Anwendung.

§. 20. Wo in diesem Gesetze von einem Bischofe, bischöflichen Stuhle, Amte, Sitze u. s. w. oder einem Bisthume die Rede ist, sind darunter auch ein Erzbischof, Fürstbischof, sowie deren Stühle, Aemter, Sitze, Bisthümer u. s. w. zu verstehen.

---

[13]) Sie betreffen das Nothbesetzungsrecht der Patrone und Gemeinden. Nach Ges. v. 31. Mai 1882 Art. 4 dürfen aber die betreffenden Befugnisse nicht ausgeübt werden.

Unter den mit dem bischöflichen Amte verbundenen Rechten und geistlichen Verrichtungen im Sinne dieses Gesetzes sind sowohl die in dem bischöflichen Amte als solchem enthaltenen, als auch die auf Delegation beruhenden Rechte und Verrichtungen begriffen.

§. 21. Der Minister der geistlichen Angelegenheiten ist mit der Ausführung dieses Gesetzes beauftragt.

Urkundlich ꝛc.

6. Gesetz, betreffend die geistlichen Orden und ordensähnlichen Kongregationen der katholischen Kirche.

Vom 31. Mai 1875.

(G.S. S. 217.)

Wir Wilhelm ꝛc. verordnen, mit Zustimmung beider Häuser des Landtages, für den Umfang der Monarchie, was folgt:

§. 1. Alle Orden und ordensähnlichen Kongregationen der katholischen Kirche sind vorbehaltlich der Bestimmung des §. 2. von dem Gebiete der Preußischen Monarchie ausgeschlossen.

Die Errichtung von Niederlassungen derselben mit Ausnahme der in §. 2. vorgesehenen Fälle[1]) ist untersagt.

Die zur Zeit bestehenden Niederlassungen dürfen vom Tage der Verkündung dieses Gesetzes ab neue Mitglieder, unbeschadet der Vorschrift des §. 2., nicht aufnehmen und sind binnen sechs Monaten aufzulösen. Der Minister der geistlichen Angelegenheiten ist ermächtigt, diese Frist für Niederlassungen, welche sich mit dem Unterricht und der Erziehung der Jugend beschäftigen, um für deren Ersatz durch anderweite Anstalten und Einrichtungen Zeit zu lassen, bis auf vier Jahre zu verlängern. Zu gleichem Behufe kann derselbe auch nach Ablauf dieses Zeitraums einzelnen Mitgliedern von Orden und ordensähnlichen Kongregationen die Befugniß gewähren, Unterricht zu ertheilen.

§. 2. Niederlassungen der Orden oder ordensähnlichen Kongregationen, welche sich ausschließlich der Krankenpflege widmen, bleiben fortbestehen, auch sind die Minister des Innern und der geistlichen Angelegenheiten ermächtigt, denjenigen Genossenschaften, welche am Tage des Inkrafttretens des Gesetzes vom 14. Juli 1880. in der Preußischen Monarchie bestanden haben, und sich ausschließlich der Krankenpflege widmen, die Errichtung neuer Niederlassungen zu gestatten.

Der Krankenpflege im Sinne des Abs. 1. ist die Pflege und Unterweisung von Blinden, Tauben, Stummen und Idioten, sowie von gefallenen Frauenspersonen gleichgestellt[2]).

Den nach Abs. 1. fortbestehenden oder zugelassenen Niederlassungen können die bezeichneten Minister widerruflich gestatten, die Pflege und Unterweisung von Kindern, welche sich noch nicht

---

[1]) S. Ges. v. 11. Juli 1880 Art. 6 und Ges. v. 21. Mai 1886 Art. 13.

[2]) Ges. v. 14. Juli 1880 Art. 6, s. preuß. Kirchenrecht S. 450.

im schulpflichtigen Alter befinden[3]), ferner die Pflege und Leitung in Waisenanstalten, Armen- und Pfründnerhäusern, Rettungsanstalten, Asylen und Schutzanstalten für sittlich gefährdete Personen, Arbeiterkolonien, Verpflegungsanstalten, Arbeiterherbergen, Mädgehäusern, sowie die Leitung und Unterweisung in Haushaltungsschulen und Handarbeitsschulen für Kinder in nicht schulpflichtigem Alter[4]), als Nebenthätigkeit zu übernehmen.

Die fortbestehenden oder neu zugelassenen Niederlassungen[5]) können jeder Zeit durch Königliche Verordnung aufgehoben werden; bis dahin sind die bezeichneten Minister ermächtigt ihnen die Aufnahme neuer Mitglieder zu gestatten.

§. 3. Die fortbestehenden und neu zugelassenen[5]) Niederlassungen der Orden und ordensähnlichen Kongregationen sind der Aufsicht des Staates unterworfen.

§. 4. Das Vermögen der aufgelösten Niederlassungen der Orden und ordensähnlichen Kongregationen unterliegt nicht der Einziehung durch den Staat. Die Staatsbehörden haben dasselbe einstweilen in Verwahrung und Verwaltung zu nehmen.

Der mit der Verwaltung beauftragte Kommissarius ist nur der vorgesetzten Behörde verantwortlich; die von ihm zu legende Rechnung unterliegt der Revision der Königlichen Oberrechnungskammer in Gemäßheit der Vorschrift des §. 10. Nr. 2. des Gesetzes vom 27. März 1872. Eine anderweite Verantwortung oder Rechnungslegung findet nicht statt.

Aus dem Vermögen werden die Mitglieder der aufgelösten Niederlassungen unterhalten. Die weitere Verwendung bleibt gesetzlicher Bestimmung vorbehalten.

§. 5. Dieses Gesetz tritt am Tage seiner Verkündung in Kraft.

Die Minister des Innern und der geistlichen Angelegenheiten sind mit der Ausführung desselben beauftragt.

Dieselben haben insbesondere die näheren Bestimmungen über die Ausübung der Staatsaufsicht im Falle des §. 3. zu erlassen.

Urkundlich 2c.

---

[3]) S. vor. Anm.
[4]) Ges. v. 21. Mai 1886 Art. 13 s. o. S. 71.
[5]) S. Anm. 2.

Anhang.

№ 71.

Berlin, den 8. April 1886.

Eurer Durchlaucht beehre ich mich im Anschluß an meine Erklärung vom
Nr. 1. 5. d. Mts. (Nr. 64 der Drucksachen) eine Note des Kardinal-Staatssekretärs Jacobini vom 4. d. Mts. in deutscher Uebersetzung mit dem ganz ergebensten Ersuchen zu übersenden, dieselbe geneigtest zur Kenntniß der Mitglieder des Herrenhauses bringen zu wollen.

Zum Verständniß der betreffenden Bezugnahme des Kardinals füge ich unter Nr. 2 aus einer früheren, von dem Königlichen Gesandten aus eigenem Antriebe angeregten und diesseits nicht als amtlich betrachteten, Korrespondenz
Nr. 2. die Antwort bei, welche der Kardinal-Staatssekretär dem Gesandten von Schlözer, auf dessen Erkundigung nach den Bedingungen, an welche der heilige Stuhl die Ausführung der Anzeigepflicht knüpfen werde, ertheilt hat.

von Goßler.

An
den Präsidenten des Herrenhauses,
Herzog von Ratibor
Durchlaucht.

№ 71.

(Uebersetzung.)

Nr. 1.

Aus den Kammern des Vatikans vom 4. April 1886.

In der letzten Note vom 26. v. Mts. theilte der unterzeichnete Kardinal-Staatssekretär Seiner Excellenz dem Preußischen Herrn Gesandten mit, daß unmittelbar nachdem der gegenwärtige Gesetzesvorschlag mit den bekannten Veränderungen angenommen und verkündet sein würde, man die Bischöfe anweisen werde, der Preußischen Regierung die Namen derjenigen Geistlichen anzuzeigen, welche bestimmt sind, als Pfarrer die Seelsorge in den gegenwärtig vakanten Parochien auszuüben. Man fügte noch hinzu, daß die Anzeige auch auf die Zukunft, wo man hoffentlich den religiösen Frieden erlangt haben wird, ausgedehnt werden könne. Diese Art des Verfahrens war durch die Erwägung veranlaßt, daß, obwohl der vorliegende Gesetzentwurf mit den letzten Amendements wesentliche Verbesserungen enthält, deren Wichtigkeit man gern anerkennt, trotzdem nicht würde behauptet werden können, daß der religiöse Friede überhaupt erreicht sei, so lange noch andere Bestimmungen der vorhergehenden Gesetzgebung zurückbleiben, deren in dem Gesetzvorschlag nicht Erwähnung gethan ist. Deshalb hielt man daran fest, daß die Gestattung der Anzeige für die gegenwärtig vakanten Pfarreien einen großen Schritt bezeichnet auf dem Wege des Entgegenkommens und daß man mit fortschreitenden Vereinbarungen den Boden vorbereitet für den vollen religiösen Frieden. Hierdurch wird die ständige Erlaubniß der Anzeige auf eine Stufe gestellt mit demjenigen Zustande vollständiger religiöser Ordnung, den der heilige Stuhl recht gern, so bald als möglich, verwirklicht sehen würde.

Die Katholiken ihrerseits würden es auch nicht mit Befriedigung sehen, wenn der heilige Stuhl eine dauernde Erlaubniß gäbe, bevor es ihnen vergönnt ist, sich eines definitiven Friedens zu erfreuen.

Es wird daher auf die Erwägungen gerechnet, welche sich aus der Natur der Sache ergeben und in den früheren Urkunden des heiligen Stuhls ausgedrückt sind.

Man hat jedoch von verschiedenen Seiten und besonders durch die letzte Aeußerung seiner Durchlaucht des Fürsten von Bismarck erfahren, daß der gegenwärtige Gesetzesvorschlag mit den letzten Amendements schwerlich die parlamentarische Mehrheit zu seinen Gunsten erlangen würde, wenn der heilige Stuhl nicht zustimmte, die ständige Anzeige schon jetzt zu gestatten.

Der heilige Vater, von dem Ernste dieser peinlichen Lage durchdrungen, würde, um die beiderseitigen Schwierigkeiten zu vermindern, der Preußischen Regierung vorschlagen, daß sie die gegenwärtige Gesetzesvorlage ergänze, indem sie die Revision derjenigen früheren, in dieser Vorlage nicht erwähnten Bestimmungen hinzufüge, so daß man der vollständigen Herstellung des religiösen Friedens sicher sein könne.

Die Verwirklichung dieses Vorschlages würde zur vollen Befriedigung des heiligen Vaters gereichen und würde mit wahrer Freude von den Katholiken aufgenommen werden, so daß seine Heiligkeit von jetzt an die ständige Anzeige gestatten würde.

Wenn jedoch unter den Umständen die volle und unmittelbare Revision der Gesetze in dem dargelegten Sinne nicht ausgeführt werden könnte, so ist der unterzeichnete Kardinal-Staatssekretär ermächtigt zur Kenntniß zu bringen, daß sobald der heilige Stuhl offiziell die Versicherung erhalten haben wird, daß man in nächster Zukunft eine solche Revision unternehmen wird, der heilige Vater alsbald die ständige Anzeige gewährt in dem Sinne der Antwort, welche bereits in der Note vom 26. März auf die von der Preußischen Gesandtschaft in ihrem Schreiben von demselben Tage gestellte dritte Frage ertheilt wurde.

Die Preußische Regierung wird in diesen letzten Vorschlägen eine neue Bestätigung der unwandelbaren Sorge des heiligen Vaters für die Erreichung des religiösen Friedens erkennen, ebenso wie seine hohe Bemühung in der Beseitigung der Hindernisse und in der Prüfung der Mittel, welche den Frieden schaffen können.

Hiernach hat der unterzeichnete Staatssekretär die Ehre, Ew. Hochgeboren die Gefühle seiner außerordentlichen Hochachtung zu versichern.

(gez.) L. Card. Jacobini.

An
den Königlichen Geschäftsträger
Herrn Grafen von Monts
Hochgeboren.

Nr. 2.

Was dann die dritte Frage anbetrifft, so beabsichtigt der heilige Stuhl derselben Regierung freies Feld zu lassen, der Diözesanbehörde gegenüber ihre Beweggründe für Ausschließung des vorgeschlagenen Individuums geltend zu machen, sobald sie seine definitive Einsetzung in das betreffende Amt mit der öffentlichen Ordnung unverträglich hält wegen einer der Regierung bekannten und bestätigten ernsten Thatsache.

Alphabetisches Sachregister

zum

Gesetze vom 21. Mai 1886 und zu der Erläuterung desselben.

Die Zahlen bedeuten die Seiten.

Buchdruckerei von Gustav Schade (Otto Francke) in Berlin N.

Kolibri 360 GmbH
Ferdinand-Jühlke-Straße 7
99095 Erfurt, Deutschland
produktsicherheit@kolibri360.de